W0286790

Die schönsten Reden für Feste und Jubiläen

Die schönsten Reden für Feste und Jubiläen

Herausgegeben von Yvonne Thalheim

humboldt

Information & Wissen

Inhalt

Vorwort

Ob es um die jährliche Weihnachtsfeier des Betriebs, das Jubiläumsfest des Vereins, die Siegerehrung nach einem Sportwettkampf oder um die Einweihung eines Eigenheims geht – stets wird zur Feier des Tages mindestens eine Rede gehalten. Hierin bedankt sich der Gastgeber, die Firmenchefin oder der Hausherr bei den Gästen für ihr Kommen, erläutert den geplanten Programmablauf, ehrt gegebenenfalls besondere Mitglieder oder Gäste und erklärt dann das Fest ganz offiziell für eröffnet.

Das ist in groben Zügen der Aufbau der meisten Fest- und Jubiläumsreden. Was sich hier so einfach anhört oder liest, erweist sich erst im Detail als gar nicht so unproblematisch. Die Schwierigkeiten beginnen unter Umständen bereits mit der Anrede: »Wie spreche ich wen an und welche Reihenfolge muss ich dabei beachten?« lautet oft die erste Frage. Zum Glück gibt es hierfür Regeln:

1. Ehrengäste, Sieger von Sportwettkämpfen und Jubilare werden in der Regel zuerst genannt. Das gleiche gilt auch für Vorsitzende, Firmenchefs und Hausherren sofern sie eine Ehrenfunktion haben. Bei Paaren wird immer zuerst die Dame genannt. Also: »Sehr geehrte Frau Möller, sehr geehrter Herr Möller.«
2. Gruppen von Zuhörern werden je nach Zusammenkunft »liebe Kollegen«, »liebe Freunde« oder »liebe Vereinskameraden« angeredet. Mit dem »sehr geehrte Damen und Herren« liegen Sie bei einer Ihnen nicht näher bekannten Gruppe von Leuten in den meisten Fällen richtig.
3. Nun gilt es noch, die Frage des Grades der Vertraulichkeit zu klären: Wenn Sie sich mit den geladenen Gästen im Alltag duzen, würde es zu Irritationen, wenn nicht gar zu Heiterkeitsausbrüchen führen, wenn Sie Ihre Bekannten plötzlich mit dem unverbindlichen »Sie« anredeten. Umgekehrt gilt

natürlich das gleiche. Ihnen nicht näher bekannte Personen werden Sie auch in Ihren Festreden nicht plötzlich duzen. Was aber, wenn Sie mit etwa der Hälfte der Gäste näher befreundet sind und die anderen nur flüchtig kennen? Dann entscheidet das zahlenmäßige Übergewicht. Setzt sich die Mehrzahl der Gäste aus Personen zusammen, die Sie mit »Sie« anreden, so wählen Sie diese Form auch für Ihre Rede. In Zweifelsfällen können Sie auch mit einer doppelten Anrede beginnen: »Meine sehr verehrten Damen und Herren, liebe Vereinskameraden«, und dann im weiteren Verlauf Ihrer Rede sich für eine Anredeform entscheiden, die Sie kurz erläutern. Wichtig: Halten Sie die einmal gewählte Anrede in Ihrer gesamten Rede durch.

4. Sonderfälle: Wenn sich unter den Zuhörern Inhaber öffentlicher Ämter und Titel befinden, die zudem in offizieller Eigenschaft an der Feier teilnehmen, müssen sie in der Anrede erwähnt werden. Zum Beispiel: »Liebes Ehrenmitglied, sehr geehrter Herr Bürgermeister, liebe Freunde.« Ein anwesender Pfarrer wird in jede Anrede mit aufgenommen.

Worauf es sonst noch ankommt

Die weitere Hürde: »Was darf ich sagen, was muss ich sagen und was gehört auf keinen Fall in meine Ansprache?« Für die meisten Festreden gibt es fast eine Art Raster an Dingen, die erwähnt werden müssen: Klar, dass zum Amtsantritt eines Vorsitzenden der neue Amtsinhaber sich bei dem scheidenden Würdenträger bedankt und dass er dessen Verdienste würdigt, die Ziele des Vereins kurz zusammenfasst und seine eigenen Vorschläge für die Zukunft erläutert.

Bei Hauseinweihungen, Weihnachtsfeiern und Festlichkeiten zur Grundsteinlegung ist es angebracht, den Grund der Feier zu erläutern und sich – beispielsweise bei der Grundsteinlegung – Gedanken zu dem Fest und dem früher damit verbundenen Aberglauben zu machen.

Generell ist es richtig, sich persönliche Überlegungen zur Feier zu machen, und wem es liegt, der kann auch vor seiner vorbereiteten Rede Platz lassen für eine spontane Stegreifeinlage. Darin kann er beispielsweise seiner Freude Ausdruck geben über ein besonderes Geschenk, das ihm seine Vereinsfreunde gemacht haben oder er kann ein zum Fest passendes Erlebnis erzählen, das er vielleicht am Morgen auf dem Weg zur Arbeit hatte.

Bei Jubiläen ist grundsätzlich ein Blick in die Vergangenheit erlaubt. Ebenso wie bei Abschieds- oder Weihnachtsfeiern gilt: Nicht auf die Tränendrüsen drücken und nicht in allzu Besinnliches verfallen. Besser ist ein hoffnungsfroher Ausblick in die Zukunft und eine herzliche Danksagung an den Ehrengast beziehungsweise den Veranstalter der Feier.

Die dritte Hürde: Die beste Rede verhallt nahezu ungehört, wenn Sie von Ihren Zuhörern nicht gut verstanden werden. Achten Sie daher – bevor Sie die Stimme erheben – auf ein paar Kleinigkeiten:

1. Eine Wand im Rücken reflektiert den Schall, macht also die Worte leichter verstehbar und außerdem verschafft sie dem Redner ein gutes Gefühl der Sicherheit.
2. Hilfreich ist es auch, wenn Ihnen ein Rednerpult zur Verfügung steht. Darauf können Sie Ihr Manuskript ablegen und zudem – wenn Sie möchten – Ihre Hände abstützen.
3. Versuchen Sie im Freien nie gegen den Wind zu sprechen und wechseln Sie gegebenenfalls Ihren Standort. Auch kurzfristig störende Umweltgeräusche wie ein vorbeifahrender Bus sollten Sie nie zu übertönen versuchen.
4. Wenn Sie ein Mikrofon verwenden, machen Sie auf jeden Fall vorher eine Hör- und Stimmprobe. Selbst im hintersten Winkel des Saales müssen Sie leicht zu verstehen sein. Halten Sie das Mikrofon beim Sprechen ca. 20 Zentimeter vor den Mund. Anfänger machen oft den Fehler, zu nahe an das Mikro heranzugehen.

So, das waren sie, die größten Schwierigkeiten, die aber nie auf eine einzige Rede zutreffen, sondern im Verlauf einer längeren Rednerkarriere auftreten können. In diesem Buch finden Sie eine Reihe von Musterreden für die verschiedensten Anlässe, die Ihnen als Anregung für Ihr eigenes Redemanuskript dienen sollen.

Wenn Sie vergleichen, werden Sie sehen, dass es höchst verschiedene Möglichkeiten des Einstiegs und des Schlusses gibt und auch der Mittelteil unterschiedlich aufgebaut sein kann. Schauen Sie sich die einzelnen Redeteile an und stellen Sie sich die für Ihren Anlass passende Mischung zusammen. Manchmal werden in den Reden auch kleine persönliche Geschichtchen erzählt, die Sie in der Form natürlich nicht übernehmen können. Auch sie sollen als Anregung dienen, ähnliche Geschichten zu erzählen.

Und nun wünsche ich Ihnen viel Erfolg mit Ihrer Ansprache, zufriedene Gäste und ein gutes Gelingen Ihrer Feier.

Reden rund um Haus und Wohnung

Rede zur Grundsteinlegung

Verehrte Gäste!

Zunächst möchte ich Sie alle herzlich hier begrüßen und Ihnen sagen, wie sehr ich mich im Namen von (Name der Firma/der Eigentümer usw.) über ihr Kommen freue.

Die Grundsteinlegung ist ein uralter Brauch. Schon die Völker des Altertums wie die Sumerer und die Ägypter pflegten ihn. Und auch im alten Amerika wurden Opfergaben in das Fundament eingemauert.

Wenn vor hunderten von Jahren die Maya in Mexiko oder in Guatemala einen Tempel errichteten, brachten sie Weihegegenstände in das Fundament mit ein. Durch Ausgrabungen wissen wir, welch wertvolle Dinge die Maya vergruben. Die Forscher fanden in riesigen Toneimern unterhalb der Hauptplattform der Tempel den kompletten Königsschmuck. Jadefiguren grub man dort aus, prächtig geschmückte Stirnbänder, goldene Kleinodien, die das Königtum symbolisierten.

Man stelle sich vor, die englische Königin ließe eine Kirche bauen und würde die Kronjuwelen im Fundament vergraben. Wir würden sie für verrückt halten.

Aber Überreste dieses Brauches existieren heute noch immer. Auch hier im hochtechnisierten Mitteleuropa deponieren wir im Fundament eines neuen Gebäudes, das der Gemeinschaft dienen soll, symbolträchtige Dinge. Und ebenso wie bei den Maya wird diese Handlung auch bei uns von einem Fest begleitet – wenn auch nicht so prunkvoll wie damals.

Was hat es eigentlich damit auf sich? Warum tun wir das überhaupt, Dinge im Fundament eines Hauses vergraben? Die Maya

Mittelamerikas glaubten an die Weihekraft der Gegenstände, die sie dort einmauerten. Es waren Opfergaben, die die Götter milde stimmen sollten. Durch jede dieser Gaben, daran glaubten sie, würde heilige magische Kraft am Ort des Bauwerks gesammelt.

Und wir heute, was glauben wir damit zu bewirken? Ein Quäntchen von diesem alten Glauben steckt wohl auch noch in uns. Natürlich, wir geben vor, der Nachwelt Zeugnis von uns hinterlassen zu wollen. Dazu werden wir heute eine druckfrische Ausgabe unserer Tageszeitung mit in den Grundstein einmauern, ein paar Münzen und andere Dokumente. Aber, liebe Gäste, seien wir uns doch einmal ehrlich: Wir produzieren heutzutage so viele Zeugnisse unserer Existenz, dass darunter die Forscher in tausend Jahren noch stöhnen werden. Auf den Grundstein dieses Gebäudes sind sie wohl nicht angewiesen. Warum also mauern wir immer noch Gegenstände ein?

Möglicherweise macht sich da der Urmensch in uns bemerkbar. Je weiter wir in die Vergangenheit zurückgehen, umso mehr existiert der Glaube an Dämonen und Geister. Götter mussten besänftigt werden. Es gab heilige und verwunschene Orte. Und wenn einer ein Haus baute, so wollte er das Gelingen sicherstellen.

Es mag wohl auch heute noch davon etwas unterschwellig mitwirken: Mit unserer Grundsteinlegung versuchen auch wir, die bösen Geister zu vertreiben. Der Bau soll schließlich gelingen und lange stehen. Die Menschen sollen dort gern ein- und ausgehen und es soll seinen Zweck gut erfüllen.

Im Grunde genommen tun wir ja nichts anderes, als wenn wir jemandem viel Glück wünschen. Die Skifahrer rufen sich »Hals und Beinbruch« zu, die Angler »Petri Heil« und die Schauspieler »Toi, toi, toi«. Meist denken sie sich nichts dabei – aber im Grunde sind das alles Überreste von Geisterbeschwörung.

Unsere Grundsteinlegung heute ist in erster Linie ein Akt des Beginnens. Ein lange geplantes Vorhaben nimmt endlich sichtbare Formen an. So gesehen feiern wir heute auch einen Abschluss, nämlich den Abschluss der Planung. Viele von uns atmen heute auf: Endlich kann es losgehen! Denn die Zeit der Auswahl der Architekten und Baufirmen, des Pläneeinreichens und -genehmigenlassens, des Verhandelns mit den Behörden war manchmal doch ziemlich kräfte- und nervenzehrend. Ein herzliches Dankeschön an alle Beteiligten!

Und so, liebe Gäste, verbinden wir all unsere guten Wünsche mit dieser Grundsteinlegung. Möge der Grundstein ein Symbol sein für diese guten Wünsche: Wir hoffen auf einen reibungslosen Bauverlauf ohne Pannen, Unfälle und Verzögerungen.

Rede des Bauherrn zum Richtfest I

Liebe (Name der Ehefrau), liebe Kinder, lieber Herr (Name des Architekten), liebe Handwerker, liebe Freunde,

langsam, aber sicher nimmt ein lang gehegter Traum sichtbare Formen an: unser eigenes Haus, liebe (Name)! Nun, wo schon der Richtkranz auf dem Dach prangt, dauert es nicht mehr allzu lange und unser kleines Häuschen wird bald fertig sein.

Liebe Zimmerleute, liebe Maurer,

ich weiß nicht, ob Sie es sich vorstellen können, was für ein Gefühl ein solches Richtfest im Bauherrn erweckt. Sie erleben die Feier eines Richtfestes sicher nur allzu oft, sodass Sie ähnliche Worte wie meine bestimmt schon hundertfach, ach, was sage ich, tausendfach gehört haben. Doch für eine junge Familie, wie wir es sind, ist es natürlich etwas ganz Besonderes, wenn die Planungszeit für das eigene Heim abgeschlossen ist und man sehen kann, wie das Haus allmählich wächst. Jetzt können sich sogar die Kinder ein Bild davon machen, wie das Haus aussehen wird, wenn es fertig ist. Sie können sogar bereits durch den Rohbau gehen und sich darum streiten, wer später welches Zimmer bekommen wird. Sie können sicher verstehen, dass mich das ein wenig glücklich, aber auch stolz macht, obwohl ich nun wirklich zum eigentlichen Bau des Hauses kaum etwas beigetragen habe.

Vielleicht bin ich Ihnen, liebe Handwerker, mit meinen vielen Fragen auf die Nerven gefallen. Entschuldigen Sie bitte vielmals, wenn dies der Fall gewesen sein sollte. Es interessiert mich halt brennend, was genau auf der Baustelle vor sich geht. Erstens lernt man ja nie aus und zweitens ist man als Bauherr immer ängstlich, dass etwas schief gehen könnte oder dass etwas doch nicht den eigenen Wünschen entspricht. Aber wie ich vermute, sind Sie solche lästige Fragerei bereits von anderen Bauherren gewöhnt. Ich werde Sie sicher auch weiterhin mit Fragen löchern, wenn der Bau weiter voranschreitet und ich mal wieder auf der Baustelle zugegen bin. Nehmen Sie mir das bitte nicht übel! Ich bedanke mich bereits im Voraus für Ihre Geduld – und natürlich für die Arbeit, die Sie bisher geleistet haben und noch leisten werden.

Bedanken möchte ich mich auch noch bei Ihnen, Herr (Name des Architekten), der Sie unsere Wünsche bei Ihrem Entwurf nach bestem Wissen und Gewissen berücksichtigt haben. Ich danke Ihnen auch, dass Sie unsere unvernünftigen, weil zu teuren Wünsche abgelehnt haben und uns stattdessen finanzierbare Vorschläge gemacht haben.

Liebe Freunde,

last but not least danke ich auch euch für die Unterstützung, die ihr mir und meiner Familie während des aufregenden Bauvorhabens habt zukommen lassen. Diejenigen von euch, die bereits gebaut haben, haben uns nicht nur wichtige Finanzierungstipps gegeben, sondern uns auch gesagt, worauf wir beim Bau eines Hauses unbedingt achten sollten. Bei allen anderen möchten wir uns vor allem für die moralische Unterstützung bedanken. Ihr habt uns stets darin bestärkt, dass wir mit dem Hausbau die richtige Entscheidung getroffen haben – schon allein der Kinder wegen, die in einem Mietshaus immer ruhiger sein müssen als in einem eigenen Haus. Wir bitten auch um Verständnis dafür, dass wir in Zukunft bestimmt noch mehrmals eure Unterstützung benötigen werden – mit dem Richtfest ist so ein Hausbau schließlich nicht abgeschlossen.

Falls ich in meiner Aufzählung noch jemanden vergessen haben sollte, möge er oder sie es mir bitte verzeihen. In jedem Fall sind alle Anwesenden nun eingeladen, mit meiner Familie und mir das Richtfest gebührend zu feiern. Ein Fass Bier zum Anstoßen steht schon bereit – es muss nur noch angezapft werden. Wer lieber ein Glas Sekt trinkt, für den ist genauso gesorgt wie für all diejenigen, die alkoholfreie Getränke möchten. Außerdem haben wir eine kleine Mahlzeit vorbereitet.

Lasst uns nun gemeinsam auf die bislang geleistete Arbeit anstoßen, in der Hoffnung, dass auch der Rest des Baus so zügig und ohne größere Probleme voranschreitet wie der Rohbau. Prost!

Rede des Bauherrn zum Richtfest II

Liebe Frau (Name der Architektin), liebe Freunde, liebe Bauleute!

Ein herzliches Willkommen zum heutigen Richtfest. Es markiert eine wichtige Etappe im Bau eines neuen Hauses: Der Dachstuhl ist errichtet, »gehoben« wie man auch sagt. Und zu diesem Anlass spendiert der Bauherr traditionell eine Feier für die Maurer und Zimmerleute und alle Handwerker, die am Rohbau beteiligt waren.

Für mich als Bauherrn ist dieser Tag ein besonderer Markstein; jetzt kann ich schon sagen, dass ich mein eigenes Dach über dem Kopf habe, das Schlimmste ist bewältigt. Nicht umsonst gibt es die Redensart, wenn man etwas endgültig fertig stellt: Man bringt es unter Dach und Fach.

Dieses Richtfest möchte ich nun zum Anlass nehmen, jenen zu danken, die so tatkräftig beim Hausbau dabei waren. Ich bin froh, dass sich alle bemüht haben, nicht nur tagtäglich ihre Arbeit zu verrichten, sondern vor allem auch gute Arbeit zu leisten. Ich als Bauherr habe davon profitiert und so gilt mein erster Dank euch Handwerkern.

Der zweite geht natürlich an Sie, liebe Frau (Name der Architektin) für Ihre hervorragende Fach- und Sachkenntnis.

Die meisten Leute, die sich ein Haus bauen, tun das nur einmal in ihrem Leben. Auch ich habe nicht vor, ein derartiges Vorhaben zu wiederholen. Darum war mir von Anfang an daran gelegen, mein Haus so zu gestalten, wie ich es mir immer ausmalte. Und diese Sonderwünsche, die mir oftmals nur vage vorschwebten, konnten Sie, liebe Frau (Name der Architektin), sofort in die Praxis umsetzen, indem Sie mir wieder einen neuen Plan lieferten. Sodass ich heute, beim Richtfest, sehen kann: Mein Traumhaus steht kurz vor der Vollendung.

Wie schrieb doch schon Goethe in seinen Gedichten:

»Hast du ein gegründet Haus,
fleh die Götter alle,
dass es, bis man dich trägt hinaus,
nicht zu Schutt zerfalle
und noch lange hinterdrein
Kindeskindern diene
und umher ein frischer Hain
immer neu ergrüne.«

Ein drittes Wort des Dankes gilt meiner Familie und meinen Freunden. Ihr alle habt im wahrsten Sinne des Wortes mit Rat und Tat mitgeholfen. Einige von euch haben schon selbst einen Hausbau hinter sich gebracht und hatten darum einige gute Tipps bei der Hand. Da konnte ich wirklich behaupten: Guter Rat ist nicht teuer. Die einen kannten sich mit Finanzierungsplänen und Hypotheken aus, die anderen in der Wissenschaft der Wärmedämmung, die dritten konnten gute Handwerker empfehlen.

Die Mit- und Zuarbeiter auf dem Weg zum Eigenheim sind nun genannt. Was bleibt mir da noch anderes als uns jetzt ein fröhliches und geselliges Richtfest zu wünschen. Ich hoffe nur, die Segenswünsche, mit denen dieses Haus von euch heute schon bedacht wurde, bewahrheiten sich. Es wäre schön, wenn auch die restliche Arbeit ebenso zügig vorangeht wie der Rohbau. Auf dass ich demnächst sagen kann: *My home is my castle.* In diesem Sinne: Auf euer Wohl!

Rede des Bauherrn an die freiwilligen Helfer

Liebe Freunde,

schön, dass ihr es einrichten konntet, heute zu unserem Richtfest zu kommen. Schließlich habt ihr maßgeblich dazu beigetragen, dass der Rohbau für unser Haus so zügig fertig wurde. Dafür möchte ich mich bei euch jetzt mit diesem Fest bedanken.

Als (Name) und ich vor eineinhalb Jahren den Bauantrag gestellt haben, hatten wir schon ein bisschen weiche Knie – das Bauen erschien uns wie ein großes Abenteuer, bei dem wir noch nicht sicher sein konnten, wie es wohl ausgehen würde. Glücklicherweise hatten wir euch, liebe Freunde. Ihr habt uns stets ermutigt, unser Bauvorhaben anzugehen. Ihr habt gemeint, es sei unsinnig, weiterhin Miete zu zahlen, wenn wir das Geld auch für die Abzahlung eines Hauses verwenden könnten. Noch dazu habt ihr uns eure tatkräftige Unterstützung angeboten, damit unsere Baukosten nicht in horrende Höhen steigen. Das alles war mehr, als man von seinen Freunden eigentlich erwarten konnte. (Name) und ich beschlossen daraufhin schließlich, das Abenteuer Hausbau in Angriff zu nehmen.

Nun steht schon der Rohbau und auch, wenn es noch ein großer Schritt bis zur Fertigstellung des Hauses ist, bin ich schon ein wenig stolz auf die vollbrachte Leistung. Ihr, meine lieben Freunde, habt ebenfalls Grund, stolz auf diesen Rohbau zu sein, denn während der Bauzeit hat jeder von euch sein Möglichstes getan, damit er fertig wird. Ihr habt gemauert und gezimmert, was das Zeug hält. Ihr habt den Mörtel angerührt und fleißig ausgeschachtet, wann immer ihr die Zeit finden konntet. So ist es zum Großteil euch zu verdanken, dass wir heute schon Richtfest feiern können.

Für die Fertigstellung des Rohbaus habt ihr so einiges in Kauf genommen – oft habt ihr nach eurer Arbeit auf euren wohl verdienten Feierabend verzichtet, nicht selten mussten eure Frauen und Kinder den Abend allein verbringen. All das habt ihr in Kauf genommen, nur um uns zur Seite zu stehen. Ich bin froh und stolz, dass wir solche Freunde wie euch haben!

Leider sind die Mühen mit dem Rohbau ja nun noch nicht ganz abgeschlossen – jetzt kommen die eigentlichen Feinarbeiten beim Bau eines Hauses, die einiges an Zeit in Anspruch nehmen. Glücklicherweise habt ihr uns bereits zugesichert, uns auch weiterhin beiseite zu stehen und bei den Arbeiten kräftig anzupacken. Ende des Jahres, so meint ihr, sollte unser Haus dann endlich bezugsfertig sein.

Ich entschuldige mich schon jetzt bei euren Frauen und Kindern dafür, dass sie euch wahrscheinlich auch in den nächsten Wochen und Monaten nicht regelmäßig zu sehen bekommen, weil ihr eure Freizeit mit uns auf dem Bau verbringt. Doch ein Trostpflaster habe ich für sie: Viele von euch planen ja ebenfalls zu bauen. Dann werde ich mich bei euch revanchieren und meine Freizeit ebenfalls opfern, um euch zu helfen. Darauf könnt ihr euch verlassen. (Name) wird dafür sicherlich Verständnis aufbringen, dass ich dann nicht ständig für sie da sein kann. Sie hat ja mitbekommen, wie wertvoll es ist, wenn einem die alten Freunde beim Bau eines Hauses behilflich sind.

Doch nun genug von der Arbeit – heute wollen wir nicht mehr an die Mühen denken, die hinter uns liegen und die uns noch bevorstehen. Stattdessen wollen wir einmal so richtig feiern. Das haben wir uns im Lauf der letzten Zeit redlich verdient. Denn wer kräftig arbeitet, darf auch heftig feiern.

(Name) und ich, wir haben für unser Richtfest den Keller des Rohbaus ein wenig geschmückt und dort ein Büfett vorbereitet. Ich bin sicher, dass euch bereits beim Anblick der Leckereien, die (Name) ausgewählt hat, das Wasser im Munde zusammenläuft. Bier und hochprozentige Getränke dürfen auf einem Richtfest natürlich ebenfalls nicht fehlen. Damit ihr auch alle etwas trinken dürft, haben (Name) und ich beschlossen, einen Fahrdienst zu organisieren, der euch nach dieser Feier wohlbehalten nach Hause bringt. Eure Wagen könnt ihr hier stehen lassen. Wir holen euch morgen gern ab, damit ihr eure Autos nach Hause bringen könnt, wenn ihr wieder nüchtern seid.

So, liebe Freunde – genug der vielen Worte. Ich sehe ja schon, ihr seid begierig darauf, dass die Feier nun endlich beginnt. Habt noch einmal ganz herzlichen Dank für alles, was ihr bereits für uns getan habt, und für das, was ihr noch für uns tun werdet. Auf euch, die besten Freunde, die man haben kann! Prost!

Der Bauherr spricht zur Hauseinweihung

Liebe Freunde,

endlich ist es geschafft. Das Häuschen steht, den Einzug haben wir gemeistert und die Strapazen sind weitgehend überstanden, wie ich hoffe. Dies ist der richtige Zeitpunkt, um euch alle zur Einweihung unseres Hauses in unseren eigenen vier Wänden zu begrüßen. Seid herzlich willkommen im neuem Heim der (Name)s!

Lange genug hat es ja gedauert: Fast zwei Jahre sind seit der Beantragung des Baus bis zu seiner Fertigstellung verstrichen – eigentlich wollten (Name), die Kinder und ich bereits seit einem halben Jahr hier wohnen. Leider kommt aber doch alles anders, als man denkt. Es gab einige Probleme, die nicht vorhersehbar waren, und Handwerker, die ihre Arbeit nicht so erledigten, wie sie es eigentlich sollten. Nun gut. Diese Schwierigkeiten sind überstanden und ich hoffe, dass es nun keine weiteren Probleme mit unserem Häuschen gibt.

Wie ihr wisst, war es seit langem (Name der Ehefrau)s und mein Wunsch, ein eigenes Haus zu beziehen – schon allein wegen der Kinder. In unserer alten Mietwohnung im Haus meiner Eltern wurde es allmählich zu eng und zu laut durften die Kinder selbstverständlich auch nicht sein, denn meine Eltern sind – wie ihr wisst – nicht mehr die Jüngsten. Zwar ließen sie sich von uns bestimmt einen höheren Geräuschpegel gefallen als von anderen Mietern, doch auf Dauer war das so kein Zustand. Hinzukommt, dass wir gern einen eigenen Garten haben wollten, den wir mit niemandem teilen müssen.

Das alles haben wir nun, doch steht uns natürlich immer noch eine Menge Arbeit bevor. Wir müssen zuerst Rasen säen und ein paar Bäume und Sträucher pflanzen, damit aus dem Matschloch hinter unserem Haus zumindest im Ansatz ein Garten wird. Auch hier im Haus gibt es noch einiges zu tun, wie ihr unschwer erkennen könnt. Zwar liegen überall schon Teppiche und auch die Tapeten sind angebracht, doch der persönliche »Touch« fehlt noch. Wir müssen noch Bilder für die Wände auswählen und die richtigen Lampen für den richtigen Platz, damit es hier richtig wohnlich und behaglich wird. Am liebsten hätte ich ja auch noch einen Kaminofen, den man an kalten Abenden entzündet und der eine behagliche Atmosphäre ausstrahlt. Doch das kommt alles nach und nach.

Wie ich von anderen Hausbesitzern gehört habe, hört die Arbeit an einem eigenen Haus mit Garten sowieso niemals auf. Immer muss etwas erledigt werden, dann möchte man schon wieder etwas verändern oder es geht etwas kaputt, das repariert werden muss. So ein Haus soll angeblich ein Fass ohne Boden sein. Dabei habe ich gehofft, dass wir uns nun endlich einmal zurücklehnen und es uns gemütlich machen können. Aber vielleicht gelingt uns das ja auch, denn wir gehören, wie ihr wisst, ja eigentlich zu den Typen, die auch einmal fünf gerade sein lassen können. Naja, wir werden es schon sehen.

Jedenfalls freuen (Name) und die Kinder sich, dass sie nun endlich mehr Platz haben. (Name) hat ihr eigenes Zimmer bekommen, von dem sie schon immer geträumt hat, und die Kinder haben viel mehr Platz zum Spielen. Aufregend war es für sie, dass sie sich ihre Zimmer selbst aussuchen durften. Und aufregend ist für sie natürlich noch, dass sie nun auf eine andere Schule gehen müssen. Doch Kinder in dem Alter sind zum Glück noch sehr anpassungsfähig. Sonst hätten wir sicherlich auch größere Schwierigkeiten gehabt, sie davon zu überzeugen, dass dieser Umzug sinnvoll ist.

Liebe Freunde,

es ist auch schön, dass ihr nicht davor zurückgescheut seid, den etwas längeren Weg zu uns heute in Kauf zu nehmen. Ich hoffe, das wird auch weiterhin so bleiben. Schließlich wollen wir euch nicht verlieren, nur weil wir nicht mehr in eurer unmittelbaren Nähe wohnen.

Heute nun wollen wir ausgiebig feiern, denn ein Haus ohne Einweihungsparty ist kein richtiges Haus. Ihr wisst auch, dass ihr bei uns übernachten könnt, wenn ihr nicht mehr in der Lage seid, nach Hause zu fahren. Macht von unserem Angebot bitte Gebrauch und bedient euch großzügig an den Speisen und Getränken, die (Name) und ich für euch vorbereitet haben. Viel Spaß!

Ein Freund spricht zur Hauseinweihung

Liebe (Name), lieber (Name),

lange hat man von euch nichts gesehen und gehört. Wir, eure Freunde, hätten denken können, ihr wärt verschollen, wenn wir nicht gewusst hätten, dass ihr mit den letzten Vorbereitungen für den Einzug in euer neues Haus beschäftigt seid. Doch endlich ist es vollbracht: Ihr seid stolze Hauseigentümer und wir dürfen heute mit euch eure Hauseinweihung feiern. Ganz herzlichen Glückwunsch den zwei frisch gebackenen Hausbesitzern!

Wie es sich zu einer Hauseinweihung gehört, haben wir euch ein paar kleine Geschenke mitgebracht. Als Erstes erhaltet ihr von uns selbstverständlich Brot und Salz, damit ihr von beidem auch in eurem neuen Haus immer genug habt. Brot und Salz stehen zudem als Symbol dafür, dass mit euch auch das Glück in euer neues Haus einzieht. Und davon wünschen wir euch jede Menge!

Als Zweites ist hier ein praktisches Utensil, was man als Wohnungsmieter nicht, als Hausbesitzer aber sehr wohl braucht: Eine Schneeschaufel. Denn von nun an seid ihr dazu verpflichtet, die Wege vor eurem Haus von Schnee und Eis zu befreien, damit es nicht zu Unfällen kommt. Ihr seht: Als Hausbesitzer habt ihr nicht nur mehr Rechte, ihr habt auch mehr Pflichten als bisher.

Diesen kleinen Holunderbusch, den wir ebenfalls erstanden haben, sollt ihr in eurem Garten einpflanzen. Die Legende sagt, dass in Holunderbüschen gute Geister wohnen, die ein Haus beschützen und dafür sorgen, dass es den Bewohnern gut geht. Passt also gut auf dieses kleine Pflänzchen auf. Sorgt dafür, dass es schnell wächst und sich möglichst viele gute Geister auf eurem Grundstück ansiedeln!

Und hier ist noch eine CD mit euren Lieblingshits. Endlich habt ihr die Möglichkeit, Musik in voller Lautstärke zu hören, ohne dass sich die Nachbarn bei euch beschweren. Das gehört zu den Vorteilen eines Hauses, in dem man ganz allein wohnt.

Neben diesen kleinen Geschenken haben wir selbstverständlich noch viele gute Wünsche für euch mitgebracht. Wir alle hoffen, dass mit euch das Glück hier eingezogen ist, dass ihr euch in eurem neuen Heim stets wohl fühlt und dass es euch an nichts mangeln wird. Schließlich habt ihr in den letzten Monaten unter einigen Entbehrungen zu leiden gehabt.

Nicht nur, dass ihr leider doch noch einigen Ärger mit eurer Baufirma hattet und auf einigen Nachbesserungen bestehen musstet, sodass sich der Einzugstermin ein wenig nach hinten verschoben hat, ihr habt auch weitgehend auf unsere Gesellschaft verzichten müssen. Allerdings nicht deshalb, weil wir euch nicht sehen wollten – nein, ihr hattet schlichtweg keine Zeit. Das soll und wird sich aber in Zukunft wieder ändern. Nun, nachdem die größten Schwierigkeiten überwunden sind, werden wir uns von euch nicht mehr so leicht abwimmeln lassen. Schon allein deshalb nicht, weil es in eurem neuen Haus so gemütlich ist und man hier so wunderbar feiern kann. Das werdet ihr doch sicher verstehen können, oder?

Macht euch also darauf gefasst, dass wir nun häufiger bei euch vorbeischauen werden, als es in der letzten Zeit der Fall war. Allerdings könnt ihr uns natürlich immer auch hinauswerfen, wenn euch mal nicht der Sinn nach Gesellschaft stehen sollte. Heute ist das jedoch wohl nicht der Fall, schließlich habt ihr uns eingeladen, damit wir gemeinsam mit euch euer neues Haus und euren Einzug »begießen«. Das wollen wir selbstverständlich auch gerne tun, denn ihr wisst ja, wie sehr wir alle das Feiern lieben.

Liebe (Name), lieber (Name),

wir möchten euch noch einmal von ganzem Herzen zu eurem neuen Haus gratulieren. Die erste Nacht habt ihr ja bereits darin verbracht, deshalb können wir euch nicht mehr ermahnen genau auf eure Träume zu achten. Ihr wisst ja: Was man in der ersten

Nacht in einer neuen Wohnung oder einem neuen Haus träumt, geht in Erfüllung. Stattdessen wünschen wir euch ganz viel Glück und viel Spaß in eurem neuen Heim!

Rede zur Einweihungsfeier im neuen Haus I

Meine lieben Nachbarn! Liebe Freunde!

Es war an einem lauschigen Spätsommerabend wie heute. Gerade nach Hause gekommen, wollte ich mich erst einmal etwas entspannen. Also streckte ich im Wohnzimmer auf der Couch die Beine aus. Doch so einfach war das nicht mit der Gemütlichkeit:

Ich vermisste an diesem heißen Tag zum x-ten Male einen Balkon. Die Luft war stickig und heiß, denn den ganzen Tag über hatte die Sonne hereingebrannt. Schon seit Monaten war nämlich die Jalousie kaputt. Und wenn ich in die Küche ging, ächzten und knarzten die alten, ausgetretenen Dielen unter dem Teppichboden.

Zu allem Übel schien der Nachbar nebenan nicht dasselbe Ruhebedürfnis zu haben wie ich, denn plötzlich ließ er seine Schlagbohrmaschine dröhnen. Und über mir gab es den allabendlichen Familienkrach.

Ich sehe einige kenntnisreiche Zustimmung unter euch. Unser damaliges Schicksal scheinen die meisten wohl so oder ähnlich schon mit uns geteilt zu haben. Damit muss es ein Ende haben, sagten meine Frau und ich. Und so wurde jener folgenschwere Entschluss gefasst, der uns heute diese Feier beschert: Die eigenen vier Wände sollten gebaut werden, d. h., ein bisschen mehr als vier Wände durften es schon werden.

Da lohnt es sich dann, eine Jalousie zu erneuern. Da verlegt man gleich anständiges Parkett. Wenn abends dann noch einer mit der Schlagbohrmaschine werkelt, dann bin ich das selber. Und wenn schon Familienkrach, dann soll es auch der eigene sein.

Bis die Absicht in die Tat umgesetzt war, dauerte es freilich noch eine Weile. Ganze siebzehn Monate brauchten wir, damit die

Mauern standen. Aber heute, liebe Freunde, heute ist es so weit. Wir feiern Einweihung im neuen Haus. Und ich darf sagen: Wir sind mächtig stolz auf unser Heim. Lange genug haben wir schließlich dafür gespart. Und, unter uns gesagt, lange genug werden wir die Schulden abstottern müssen.

Liebe Freunde und Nachbarn, nun könnte ich natürlich stundenlang Geschichten erzählen. Ich könnte davon erzählen, was wir alles auf den Ämtern erlebt haben. Ich könnte erzählen, wie wir mit den Banken klargekommen sind, wie lange es dauerte, bis meine Frau und ich uns auf einen Plan geeinigt hatten.

Das will ich heute nicht tun. Vielmehr lasse ich den englischen Dramatiker William Shakespeare sprechen. Denn dem erging es zu seiner Zeit im 16. Jahrhundert beim Hausbau wenig anders als uns heute. Er schreibt, wie das so ist mit dem Planen eines Hauses:

»Wenn wir bauen wollen,
beschaun wir erst den Platz, ziehn einen Riss:
Und sehn wir die Gestalt des Hauses nun,
dann müssen wir des Baues Aufwand schätzen.
Ergibt sich's, dass er über unsre Kräfte,
was tun wir, als den Riss von neuem ziehn
mit wenigern Gemächern oder ganz abstehn vom Bau?«

So ähnlich war es auch bei uns. Es brauchte schon einige Anläufe, bis der passende Plan gezeichnet war. Und finanziell übernehmen wollten wir uns auch nicht. Doch die Ausdauer hat sich gelohnt. Meine Frau und ich, wir beide sind recht zufrieden mit dem Ergebnis.

Auf 130 Quadratmetern Wohnfläche und 400 Quadratmetern Garten können wir uns nun austoben. Zwei Badezimmer gehören dazu, zwei Kinderzimmer, ein ausbaufähiger Dachboden und Platz im Keller für die Freizeitgestaltung. Und natürlich Schlafzimmer, Küche, Wohnzimmer, Gästezimmer und eine Rumpelkammer.

Ihr könnt nachher gern eine »Schlossbesichtigung« vornehmen und prüfen, ob alles stimmt. Ob Türen und Fenster tatsächlich schließen, ob das Wasser läuft, der Strom fließt …

Nun aber genug der Worte. Es ist angerichtet, die Gläser sind gefüllt. Liebe Freunde und Nachbarn, möge dieses Haus zu unserem Heim werden, in dem ihr oft und gerne zu Gast seid!

Rede zur Einweihungsfeier im neuen Haus II

Liebe Freunde, liebe Gäste!

»Es kann der Frömmste nicht in Frieden leben, wenn es dem bösen Nachbarn nicht gefällt.«

Das ist, auf den kürzesten Nenner gebracht, die Ursache dafür, warum wir heute hier ein Fest feiern. Nicht, dass wir besonders fromm oder unsere Nachbarn in unserer alten Wohnung besonders böse gewesen wären – aber solch ein rauschendes Fest mit so viel Personen hätten wir dort nicht feiern können!

Zwar wohnen wir nun schon fast acht Monate hier, doch wir wollten erst die Hektik des Einzugs vorbeigehen lassen und etwas zur Ruhe kommen. Andernfalls hätte uns leicht etwas Ähnliches passieren können wie einem entfernten Bekannten.

Der feierte auch Einweihung im neuen Haus, noch kurz bevor das dritte Kind geboren wurde. Ein Freund überreichte ihm eine Flasche Champagner zum neuen Haus. Im Trubel wurde das edle Getränk im Keller vergessen. Als dann das Kind zur Welt gekommen war, die Mutter noch in der Klinik lag, erinnerte sich der Strohwitwer an den Champagner und holte ihn aus dem Keller. Es war ein Glückwunsch angehängt, auf dem stand: »Hüte es gut! Denn diesmal ist es dein eigenes!«

Obwohl unser Umzug also schon einige Zeit her ist, ist das Gefühl, nun ein eigenes Haus zu besitzen und auf eigenem Grund und Boden zu stehen, noch ganz frisch. Es ist so, als wäre ich König im eigenen Schloss. Kein Wunder, wenn die Briten so schön sagen: *»My home is my castle.«*

Keiner hat mehr etwas dagegen, wenn wir nachts um elf das Badewasser einlaufen lassen. Niemand stört sich am Geräusch einer heftig rumpelnden Waschmaschine zur Schlafenszeit irgendwo im Haus. Denn immer ist es der eigene Lärm. Kein Vermieter kann mehr verbieten, einen Dübel in die Wand zu bohren. Kurz gesagt: Wir können nun endlich tun und lassen, was uns beliebt.

Es gibt denn auch nur wenige Tage im Leben eines Menschen, die so einmalig sind wie der Tag, an dem man das eigene Haus bezieht. Dieses Ereignis ist für uns auch deshalb so aufregend, weil wir ziemlich sicher wissen: Aus diesem Haus werden wir wohl nie mehr ausziehen, ein zweites Mal werden wir sicherlich nicht bauen.

Denn so schön das Ergebnis auch ist, so anstrengend und hektisch waren die vergangen beiden Jahre. Da gab es dauernd Termine zu organisieren, man musste oft auf Handwerker warten, mal klappte dies nicht, mal jenes. Manchmal hatten wir so die Nase voll, dass wir den Tag verwünschten, an dem wir uns zum Bauen entschlossen hatten. Dazu die ständige Qual der Wahl, der Entscheidungsdruck. Was meint ihr, wie viele Stunden und Tage wir allein mit der Auswahl des Parkettbodens hier verbracht haben? (Name der Ehefrau/des Ehemanns) wollte den ästhetisch schöneren, strapazierfähigeren, ich den preisgünstigeren. Nun, ihr seht, wer gesiegt hat ...

Natürlich gab es auch viele Tage, an denen wir heiter und optimistisch waren, denn es war auch spannend, den Fortgang der Arbeiten zu beobachten. Da konnten wir verfolgen, wie zuerst die Grube ausgehoben wurde, wie dann der Keller eine Betonschale erhielt und wie die Außenmauern langsam in die Höhe wuchsen. Der erste Höhepunkt war dann das Richtfest. Später konnten wir erleben, wie das Innere bewohnbar gemacht wurde und damit der Einzugstermin in greifbare Nähe rückte. Dann wurde es nochmal aufregend schön, als endlich die kahlen Räume heimelig und mit Möbeln bequem gemacht wurden.

Ohne jetzt überheblich sein zu wollen, möchte ich euch doch sagen, wie glücklich und stolz wir sind, weil der Bau nun endlich steht. Wir fühlen uns sehr wohl in den neuen Wänden. Das allein wäre uns aber nicht genug. Wir möchten es auch unseren Gästen behaglich machen.

Darum, liebe Freunde und Gäste, soll die heutige Einladung gleichzeitig auch eine Einladung zu künftigen Besuchen hier sein. Ihr alle seid uns jederzeit herzlich willkommen. Ein Plausch mit guten Freunden am Abend ist doch immer noch der beste Zeitvertreib.

So wünschen wir uns heute zur Einweihung unseres Hauses: Die Gäste, die es im Laufe der Jahre beherbergen wird, mögen hier gerne wieder herkommen und sich immer wohlfühlen bei uns. Und es mögen immer so liebe und fröhliche Gäste sein wie ihr heute.

Darauf möchte ich mit euch anstoßen. Fühlt euch gerade so, als wärt ihr zu Hause, und lasst uns zusammen darauf trinken, dass wir uns bald wieder hier in diesem Hause treffen! Zum Wohl!

Rede der Nachbarn zum Einzug

Liebe Familie (Name),

im Namen aller Bewohner der Gartenstraße möchten wir Sie begrüßen und herzlich willkommen heißen. Wir hoffen, dass Sie sich hier bei uns wohl fühlen werden.

Schön, dass mit Ihnen endlich wieder eine junge Familie in die Gartenstraße zieht. Ein bisschen mehr Trubel können wir hier ruhig gebrauchen. Vor allem Familie (Name) wird sich bestimmt freuen – die (Name)s haben nämlich Kinder, die in etwa so alt sind wie die Ihrigen. Und neue Spielkameraden sind ja immer willkommen.

Hier bei uns in der Gegend können Kinder glücklicherweise noch ruhig spielen. Viele Autos verirren sich nicht hierher. Und da die Gartenstraße als Spielstraße ausgewiesen ist, haben Kinder hier sowieso Vorrang. Das wird sicherlich auch für Sie ein Grund gewesen sein, hierher zu ziehen. Sie brauchen auch nicht zu befürchten, dass wir Nachbarn uns durch Kindergeschrei gestört fühlen – ganz im Gegenteil. Eine Wohngegend ohne Kinder ist wie ein Bach ohne Fische – irgendetwas fehlt. Und falls Sie hin und wieder jemanden brauchen sollten, der auf die Kinder aufpassst: Denken Sie daran, Ihre Nachbarn sind auch in diesem Fall gern für Sie da.

Als kleines Willkommensgeschenk haben wir Ihnen übrigens diesen Kuchen gebacken. Und einen kleinen Willkommenstrunk haben wir, liebe Frau (Name), lieber Herr (Name), natürlich auch mitgebracht. Schließlich muss man ja einen kleinen Schluck auf gute Nachbarschaft trinken. Außerdem weckt er die Lebensgeister und gibt neue Energien für alle weiteren bevorstehenden Aufgaben. Und etwas Energie werden Sie sicher noch benötigen, denn so ein Umzug ist doch immer mit sehr viel Arbeit verbunden. Bevor alles an seinem Platz steht, die letzte Lampe aufgehängt ist, dauert es schon noch eine ganze Weile. Und dann gilt es ja auch, den ganzen Papierkram zu erledigen. Bis erst einmal alle Papiere umgeschrieben sind und alle von Ihrer Adressänderung erfahren haben, wird sicher ebenfalls noch einige Zeit verstreichen.

Gleichzeitig müssen Sie sich in der neuen Umgebung eingewöhnen: Wo ist die nächste Tankstelle, der beste Friseur, welches Geschäft hat das frischeste Gemüse? Wir, Ihre Nachbarn, wollen Sie hiermit wissen lassen, dass wir für Sie da sind, dass wir Ihnen helfen werden, aber auch gern einfach nur ein Pläuschchen mit Ihnen halten, wenn Sie Lust dazu haben. Wenn Sie möchten, können Sie auch ruhig einmal zum Kaffee oder auf ein Glas Wein bei uns vorbeischauen.

Sie sollten nämlich wissen, dass hier in der Gartenstraße Nachbarschaftshilfe noch groß geschrieben wird. Jeder hilft jedem, so gut er nur kann. Aus dieser Nachbarschaftshilfe haben sich im Übrigen auch schon verschiedene Freundschaften, zumindest aber nette Bekanntschaften ergeben. Einige von uns treiben zum Beispiel zusammen Sport, andere treffen sich zum Kartenspielen oder einfach nur zum Schwatzen. Doch gezwungen wird dazu selbstverständlich keiner – Sie sind aber jederzeit willkommen.

So, liebe Familie (Name), genug der vielen Worte. Wir alle freuen uns schon auf eine gute Nachbarschaft mit Ihnen!

Ein Freund spricht zur Wohnungseinweihung

Liebe Freunde!

Als noch das Thema »Wohnungsnot« die Zeitungen füllte, erwogen manche, sich einen Wohnwagen zu kaufen und in freier Natur zu campieren.

Heutzutage gibt es genügend Wohnungen, will man der Statistik Glauben schenken. Doch die meisten dieser Unterkünfte haben einen unübersehbaren Makel: Mit dem spärlichen Gehalt einer Normalverdienerfamilie sind sie schier unerschwinglich. Am besten, man kauft sich noch einen Wohnwagen dazu und zieht weiterhin über Campingplätze.

Unter diesen Voraussetzungen betrachte ich es schon als ein kleines Wunder, wenn nun zwei meiner Freunde doch noch eine jener raren Behausungen ausfindig gemacht haben, in denen es sich angenehm leben lässt und die zugleich kein Vermögen verschlingen. Meine Gratulation zu diesem Glückstreffer.

Natürlich muss das neue Nest nun erst einmal ordentlich begossen werden und dazu sind wir alle hergekommen. Ich darf mich im Namen aller hier Anwesenden für diese Einladung bedanken, zumal wir alle aus eigener Erfahrung wissen: Auch bei einer angemessenen Miete kostet eine Wohnung, ein Umzug enorm viel Geld. Man braucht neue Teppichböden und Tapeten, ein paar Möbel, eine neue Küche usw.

Eure Haushaltskasse, liebe Neubewohner, leidet sicher in diesen Tagen an chronischer Schwindsucht. Aber was tut man nicht alles für den neuen Familiensitz?

Ich weiß nicht, ob ihr auch so voyeuristisch seid wie ich. Aber ich finde, nichts macht mehr Spaß, als andere Wohnungen anzuschauen und dann insgeheim Vergleiche zu ziehen mit der eigenen.

Das ging mir auch bei eurer Wohnung so, liebe (Name), lieber (Name). Ich war neugierig wie eine alte Klatschtante: Wie werden sie sich wohl eingerichtet haben? Haben sie nun das Luxusschlafzimmer gekauft? Und einen weißen Teppichboden fürs Wohnzimmer? Sind die Wände tapeziert? Wenn ja: wie?

Nun, die Spannung hat jetzt ein Ende gefunden, die Wohnung wurde besichtigt, wir konnten jeden Winkel durchstöbern. Das sagenhafte Luxusschlafzimmer habt ihr euch tatsächlich angeschafft. Bei aller Skepsis, die ich vorher hatte: Es ist tatsächlich ein Traum!

Es wird euch nun sicherlich interessieren, wie wir eure Wohnung finden und ob sie uns gefällt. Man sagt zwar, über Geschmack lässt sich streiten – aber ihr habt unbestritten einen guten Geschmack. Ja, ich meine sogar, dass ihr euren Beruf verfehlt habt: Ihr hättet Innenarchitekten werden sollen!

Lasst uns also anstoßen. Schließlich habt ihr uns ja mit der Aufgabe betraut, die neue Wohnung einzuweihen. Ich wünsche euch, liebe (Name), und lieber (Name), viel Freude in den neuen vier neuen Wänden! Stoßen wir darauf an!

Der Vater/die Mutter spricht zur Wohnungseinweihung

Liebe junge Freunde!

Liebe/r (Name der Tochter/des Sohnes)

»Eigener Herd ist Goldes wert«, sagt ein Sprichwort. Klingt zwar antiquiert, aber inhaltlich stimmt's trotzdem.

Hier also hast du nun, liebe(r) (Name der Tochter/des Sohnes), deine eigene Bleibe gefunden, fernab von der elterlichen Hausmacht. Jetzt ist die Zeit vorbei, in der du immer wieder gefragt wurdest, wann du endlich gedenkst, das Badezimmer freizugeben. Oder mit dem Telefonieren aufzuhören. Wunderbar! Sowohl für dich als auch für uns! Jetzt ist aber auch die Zeit vorbei, in der sich vor allem deine Eltern um den Haushalt gekümmert haben, du dich meist an den gedeckten Tisch setzen konntest.

Nun bist du selbst zur Hausherrin/zum Hausherrn geworden, lange genug hast du ja bereits auf diese neue Situation hingearbeitet.

Natürlich ist es nicht nur »wunderbar«, dass das Telefon jetzt nicht mehr ständig besetzt ist. Natürlich ist es auch ein komisches Gefühl, wenn das »Kind« das Elternhaus verlässt, auch wenn es schon längst kein Kind mehr ist. Aber wenn die erwachsenen Kinder ziehen wollen, darf man sie nicht aufhalten. Denn erstens gelänge das gar nicht, und zweitens ist es ja ihr gutes Recht.

Also werden wir es genießen, dass Telefon und Bad fast immer frei sind, dass keine Musik aus deinem Zimmer dröhnt, dass wir nicht mehr nachts um drei aufwachen, weil du schwungvoll die Wohnungstür hinter dir zugeschlagen hast.

So haben wir, liebe(r) (Name der Tochter/des Sohnes), deine Wohnabsichten nicht ganz uneigennützig unterstützt. Denn so paradox es auch klingen mag: Die Trennung vom Elternhaus ist noch immer die beste Möglichkeit, die Bindung zu den Kindern zu erhalten.

Gemütlich ist es bei dir. Wieder einmal zeigst du, dass du ein Meister/eine Meisterin des Improvisierens bist mit all den Möbeln vom Flohmarkt. Von uns aber bekommst du etwas Nagelneues: Ein Telefon mit Fax und Anrufbeantworter. Wenn schon ein eigenes Telefon, dann ein anständiges!

Ich wünsche dir nun, liebe(r) (Name der Tochter/des Sohnes), von ganzem Herzen Glück in deiner ersten eigenen Wohnung.

Trinken wir auf die neue Bleibe!

Ansprache zum Sommerfest im Garten

Liebe Freundinnen und Freunde,

eine Frau schrieb an eine Gartenzeitung: »Ich liebe meinen neuen Garten sehr, habe allerdings Schwierigkeiten Unkraut und Nicht-Unkraut voneinander zu unterscheiden. Gibt es nicht ein allgemeines Merkmal von Unkraut?« Die Zeitung antwortete: »Reißen Sie alle Pflanzen raus. Alles, was wieder neu wächst, ist Unkraut.«

Dass (Name), unsere liebe Gastgeberin, einen solchen Brief nie geschrieben hätte, ist klar. Sie hätte auch den Begriff »Unkraut« nicht verwendet; sie kennt nur Pflanzen, die in ihren Garten passen – und solche, die es nicht tun. Wie auch immer: Ich glaube, ich spreche im Namen aller Anwesenden, dass ich selten so einen prächtigen Garten gesehen habe. Nur die hängenden Gärten der Semiramis waren schöner – aber die waren schließlich auch ein Weltwunder. Und als ob die Blumenpracht nicht ausreichen würde, ist noch alles so festlich und fantasievoll dekoriert.

Man soll die Feste feiern, wie sie fallen, habt ihr gesagt, und uns zu einer lauen Sommernacht bei Vollmond eingeladen. Und tatsächlich, alle, alle kamen bzw. kommen immer noch.

Liebe (Name), lieber (Name), wir danken für die Einladung. Ich glaube, wir werden heute ein rauschendes Fest erleben!

Erheben wir unser Glas auf die Gastgeber!

Reden zum Klassentreffen

Rede eines ehemaligen Schülers 10 Jahre nach Schulabschluss

Liebe ehemalige Mitschülerinnen und Mitschüler,

schön, dass ihr es geschafft habt, heute wieder an den Ort unserer gemeinsamen »Schandtaten« zurückzukehren. Denn in dieser Kneipe haben sich früher einige von uns oft getroffen. Die Wände könnten erzählen von unzähligen Flüchen, die auf bestimmte Lehrerinnen oder Lehrer oder auch gewisse Fächer losgelassen wurden – aber auch von vielen Lachsalven. Das heißt nicht, dass die Schule immer den Mittelpunkt unserer Gespräche bildete, viel wichtiger waren die Top Ten der Hitparade, die neuesten Filme und natürlich das jeweils andere Geschlecht.

Ich hatte zunächst befürchtet, dass nur wenige von euch den Weg hierher finden werden, schließlich erinnern sich sicher die meisten nicht nur mit Freuden an ihre Schulzeit zurück. Doch vielleicht geht es euch ja genau wie mir: Ich habe im Laufe der letzten zehn Jahre die unangenehmen Seiten der Schule zum größten Teil vergessen bzw. verdrängt, während ich mich an die angenehmen noch gut erinnere. Umso mehr habe ich mich darauf gefreut, euch alle endlich einmal wieder zu sehen.

Es war gar nicht so leicht, die Adressen von einigen herauszufinden, doch über den Umweg eurer Eltern haben wir es schließlich meist doch geschafft. Etwas problematisch war es nur bei denjenigen von euch, die geheiratet und ihren Namen geändert haben. Aber mit ein bisschen Herumtelefonieren wurden wir auch da fündig. Dennoch: Um den Veranstaltern die Vorbereitung für ein weiteres Klassentreffen zu erleichtern, möchte ich euch bitten, eure neuen Adressen in diese Liste hier einzutragen. Wenn ihr wollt, können wir diese Liste auch gern kopieren und denjenigen zusenden, die sie gern haben möchten. Keine Angst – wir werden eure Adressen bestimmt nicht weiterverkaufen! Wenn ihr also demnächst Werbung von der Bank of America bekommt – wir waren es nicht!

Wenn ich so in die Runde schaue, stelle ich fest, dass wir uns zwar alle verändert haben – aber wieder erkannt haben wir uns trotzdem alle. Die Großen sind nicht plötzlich klein geworden und die Dünnen nicht plötzlich dick. (Name) macht immer noch seine Witze und (Name) schaut so verträumt wie damals.

Die Frage, die heute Abend sicher am meisten gestellt wird, heißt wohl: »Und was machst du so?« Und dann werden wir erfahren, wer welche Ausbildung gemacht hat und in welchem Beruf arbeitet, wer seinen Märchenprinzen/seine Märchenprinzessin gefunden hat und wer nicht, wer bereits Kinder hat und wer vielleicht sogar schon wieder geschieden ist. Wir werden hören, wer von uns schon am Nordpol war, wer Seeigel züchtet, wer den Nobelpreis für Physik erhalten hat, wer Astronautin und wer Zirkusdirektor geworden ist, wer Plantagen in Südamerika besitzt und wer ein Schloss in Schweden.

Der heutige Abend dient vor allem dazu, alte Freundschaften aufzufrischen. Auch alte Feindschaften kann man natürlich auffrischen – oder auch begraben. Diese Kneipe hat, wie erwähnt, schon viel erlebt. Und wenn alles gesagt ist, alle Klatsch- und Tratschwünsche befriedigt sind, können wir auch tanzen. (Name) hat seine Anlage mitgebracht und wird wie in alten Zeiten den DJ spielen.

So, bevor ihr bei meiner Ansprache einschlaft, noch eine Kleinigkeit: Uns, dem Veranstalterteam, hat es großen Spaß gemacht, dieses Klassentreffen zu organisieren, auch wenn wir zum Teil mit kleineren und größeren Schwierigkeiten zu kämpfen hatten. Während der Vorbereitungen sind wir uns untereinander auch wieder näher gekommen, sodass wir beschlossen haben, auch in Zukunft gemeinsam etwas miteinander zu unternehmen. Dennoch: Wir möchten darum bitten, dass andere das nächste Klassentreffen organisieren. Es müssen ja nicht immer dieselben sein, die solche Feste vorbereiten. Vielleicht überlegen sich einige von euch heute schon, dass sie in fünf Jahren ein weiteres Treffen planen werden. Denkt in jedem Fall einmal über meinen Vorschlag nach. Nun aber ganz viel Spaß für diesen ganz besonderen Abend!

Rede einer Lehrerin 20 Jahre nach Schulabschluss

Liebe Ehemalige der Klasse 10a,

erst einmal herzlichen Dank dafür, dass Sie mich heute zu Ihrem Klassentreffen eingeladen haben. Ich bin der Einladung sehr gern gefolgt, denn schließlich möchte ich ja wissen, was aus meinen ehemaligen Schülerinnen und Schülern geworden ist.

20 Jahre ist es nun schon her, dass Sie von unserer Schule abgegangen sind. Ich kann es kaum glauben. Damals, als ich Sie betreut habe, war ich noch eine junge, unerfahrene Pädagogin – Ihre Klasse war eine der ersten, die ich als Klassenlehrerin übernommen habe. Deshalb erinnere ich mich auch heute noch gut an die damalige Zeit. Ich muss schon sagen, Sie haben es mir damals nicht immer leicht gemacht – ich Ihnen wahrscheinlich aber auch nicht. Sie haben vermutlich gedacht: »Mal sehen, was wir uns so alles erlauben können.« Und ich habe versucht, mangelnde Erfahrung mit allzu großer Autorität auszugleichen. Deshalb hat es auch eine Weile gedauert, bis wir uns zusammengerauft haben. Ich kann mir gut vorstellen, dass Sie anfangs nicht immer begeistert von mir und meinen Unterrichtsmethoden waren. Doch nach zwei, drei Monaten hatten wir endlich einen Weg gefunden, um gut miteinander auszukommen – vielleicht auch, weil ich eingesehen habe, dass ich mit zu großer Strenge bei Ihnen nicht sehr weit kommen würde. Daraufhin wurde unser Verhältnis zueinander richtig partnerschaftlich – zumindest hatte ich diesen Eindruck. Ich habe mich schließlich manchmal direkt auf die Unterrichtsstunden bei Ihnen gefreut. Dass es Ihnen genauso ging, will ich allerdings nicht unterstellen. Allerdings wussten Sie, dass Sie nur noch eine begrenzte Zeit auf der Schule bleiben würden. Vielleicht haben sich deshalb die meisten von Ihnen dann auch richtig angestrengt. Es ging ja um Ihre Abschlusszeugnisse und damit – zumindest bis zu einem gewissen Maß –

auch um Ihre spätere berufliche Laufbahn.

Wenn ich mir heute so ansehe, was aus Ihnen allen geworden ist, bin ich sehr stolz – auch wenn das natürlich kaum mein Verdienst ist. Zur damaligen Zeit, als ich Ihre Klassenlehrerin war, konnte ich mir nur bei wenigen von Ihnen vorstellen, welche berufliche Laufbahn sie wohl nach der Schule einschlagen würden. Ich habe damals versucht zu erraten, was Sie wohl nach der Schule machen würden, und nur bei einer von Ihnen habe ich richtig getippt. (Name) ist tatsächlich Krankenschwester geworden, wie ich es immer gedacht habe. Viele von Ihnen haben eine Bankkarriere eingeschlagen, einige haben sich selbstständig gemacht und wiederum andere haben Berufe gewählt, die ich mir für sie vor 20 Jahren überhaupt nicht hätte vorstellen könnte. Aber gut: Schließlich ist eine Klassenlehrerin keine Hellseherin, denn dann hätte sie ja ihren Beruf verfehlt.

Wenn ich Sie, wie ich Sie damals kennen gelernt habe, mit den Schülerinnen und Schülern von heute vergleiche, bin ich regelrecht dankbar, dass ich nicht heutzutage zum ersten Mal eine Klasse übernehmen muss. Die Situation an den Schulen ist nicht einfacher geworden – auch wenn ich vor 20 Jahren zunächst dachte, dass es für mich nicht schlimmer hätte kommen können. Da habe ich mich aber grundlegend geirrt. Um die Aufmerksamkeit der Schülerinnen und Schüler heute zu erringen, müssen Sie als Lehrerin schon sehr viel mehr bieten als damals. Vielleicht liegt das daran, dass die Schüler heute mit Informationen nur so zugeschüttet werden. Problematisch ist vor allem, dass sie bestimmten Themen immer nur kurze Zeit folgen können und dann rasch das Interesse verlieren. Möglicherweise liegt das auch an den Medien, die den Kindern immer nur kurze »Appetithäppchen« präsentieren und dann rasch zum nächsten Thema überschwenken. Wer weiß?

Vielleicht denke ich in 20 Jahren über die Schüler von heute jedoch genauso wie heute über Sie, wenn diese mich zu ihrem 20-jährigen Klassentreffen einladen. Sie haben mir ja nicht nur Kummer, sondern auch eine Menge Freude bereitet, zum Beispiel indem Sie mich damals zum Schulabschluss zur beliebtesten Lehrerin Ihrer Klasse wählten. Das habe ich bis heute nicht vergessen. Ein Grund mehr, warum ich Ihrer Einladung heute so gern gefolgt bin. Doch nun genug der vielen Worte, lassen Sie uns nun ausgiebig feiern und ein wenig in Nostalgie schwelgen, indem wir uns an die damaligen Zeiten erinnern. Auf Ihr Wohl!

Ansprachen zu sportlichen Anlässen

Eröffnungsrede zum Ball eines Sportvereins

Liebe Sportsfreundinnen und -freunde,

und wieder einmal ist es so weit: Ich freue mich im Namen des Vorstands unseres Vereins, unseren alljährlichen Höhepunkt der Vereinssaison, unseren Sportlerball, eröffnen zu dürfen. Wenn ich mich so umsehe, stelle ich fest, dass sich auf dieses Ereignis außer mir auch noch viele andere gefreut haben. Schön, dass so viele von Ihnen den Weg heute hierher gefunden haben.

Auch wenn heute Abend sicherlich noch der ein oder andere von Ihnen für herausragende sportliche Leistungen, langjährige Vereinsmitgliedschaft oder besondere Verdienste um den Verein geehrt wird, ist dieser Ball kein Ereignis, bei dem Sie sportliche Höchstleistungen vollbringen müssen. Nein, heute sollen Sie sich einmal so richtig amüsieren. Tanzen Sie durch, bis der Morgen graut oder Ihre Socken qualmen, bedienen Sie sich am reichhaltigen kalten Büfett oder sprechen Sie dem Sekt zu – ganz, wie Sie möchten.

Unserem Vorstand ist es wieder einmal gelungen, die (Name)-Band zu engagieren, die schon in den vergangenen Jahren ein Garant für Stimmung und gute Laune war. Ich bin mir sicher, dass auch Sie das Programm dieser Band begeistern wird, ist doch für alle Altersgruppen und Geschmäcker etwas dabei. Und ganz im Vertrauen: Sie dürfen sich auch Titel wünschen. Das hat mir zumindest vorhin der Sänger der Band zugesichert. Also dürfte einer rauschenden Ballnacht nichts im Wege stehen.

In den Musikpausen werden Sie selbstverständlich ebenfalls unterhalten – schließlich soll Ihnen Ihre gute Laune nicht abhanden kommen. Natürlich finden dann die Ehrungen statt, doch damit das nicht zu langweilig wird, möchte Sie der bekannte Magier (Name) zwischendurch verzaubern. Sie werden Zeuge, wie er Tauben erscheinen und Kaninchen verschwinden lässt, wie Zauberstäbe zu tanzen beginnen und wie er sich mit Hilfe seiner geistigen Kräfte Spielkarten untertan macht. Möglicherweise zeigt er uns sogar seinen berühmtesten Trick und lässt eine Jungfrau schweben.

Doch damit nicht genug: Wir haben auch noch einen Ventriloquisten eingeladen. Was, Sie wissen nicht, was das ist? Ein Bauchredner natürlich. (Name) und sein Gehilfe (Name) werden uns sicherlich einige Kostproben ihres Könnens zeigen.

Für viele von Ihnen sind jedoch nicht die Showeinlagen der Höhepunkt unseres Sportlerballs, für viele ist es unsere große Tombola. Wir haben auch dieses Mal unter den einheimischen Firmen wieder zahlreiche Sponsoren finden können, die uns attraktive Gewinne für die Tombola gestiftet haben. Um nur einen der vielen Preise zu nennen: Der Hauptgewinn ist diesmal ein Cityfahrrad mit allen Schikanen. Lose erhalten Sie bei den jungen Damen, die überall im Saal mit großen Zylindern herumgehen werden.

Der Erlös unserer Tombola kommt diesmal unserer Jugendarbeit zugute. Wir wollen einen weiteren Trainer engagieren, um unser Programm für die Kleinsten ausweiten zu können. Wir möchten gern Kinderturnen und Fußball für die Minis in unser Programm aufnehmen. Also: Beteiligen Sie sich fleißig an unserer Tombola und kaufen Sie ruhig gleich mehrere Lose. Erstens geben Sie das Geld für einen guten Zweck aus und zweitens erhöhen sich dadurch selbstverständlich auch Ihre eigenen Gewinnchancen.

Doch nun genug der Vorrede. Wenn Sie einen langen Vortrag hören wollten, hätten Sie sich heute Abend auch die Bundestagsdebatten auf dem Informationskanal ansehen können, nicht wahr? Doch Sie haben sich für die Teilnahme an diesem Ball entschieden. Das bedeutet für mich, zurückzutreten und das Mikrofon an die (Name)-Band weiterzureichen, die gleich mit ihren Rhythmen die Stimmung hier im Saal mächtig anheizen wird.

Deshalb mein Worte zum Schluss dieser Rede: Der Vorstand des Vereins freut sich sehr, dass Sie heute Abend hier zu Gast sind. Wir hoffen, dass Ihnen unser Programm gut gefällt und dass es eine lange, rauschende Ballnacht wird. Lassen Sie uns nun das Tanzbein schwingen und feiern, bis wir umfallen!

Rede des Schützenkönigs auf dem Schützenfest

Liebe Freunde,

Überraschungen erlebt man immer wieder – so auch heute! Ich hätte nicht gedacht, dass es gerade mir gelingen würde, König aller Schützen zu werden, doch – wie das Sprichwort schon sagt – »ein blindes Huhn findet auch einmal ein Korn«.

Richtig geglaubt habe ich es allerdings erst, als mir (Name), der Schützenkönig des letzten Jahres, zu meinem neuen »Amt« gratuliert hat. Denn schließlich war die Konkurrenz in diesem Jahr besonders groß. Ihr, die Mitbewerber um die Königswürde, habt es mir wirklich nicht leicht gemacht. Bis zuletzt stand es auf Messers Schneide, wer Schützenkönig werden würde. Letztlich hat dann die Glücksgöttin Fortuna entschieden, wer in diesem Jahr diese besondere Würde übernimmt. Deshalb möchte ich euch, meinen ärgsten Konkurrenten, noch einmal dafür danken, dass ihr es mit so viel Sportsgeist aufgenommen habt, dass das Glück heute mir hold war.

Jetzt bin ich zunächst einmal überwältigt, wie ihr euch sicher vorstellen könnt. Dennoch möchte ich euch natürlich mitteilen, was ihr unter meiner »Regentschaft« zu erwarten habt. Als Erstes erwartet euch natürlich der traditionelle Schützenball, den wir alle gemeinsam vorbereitet haben und auf den wir uns bereits seit geraumer Zeit freuen. So ein Ball ist – wie ich meine – ein ganz hervorragender Auftakt für die Amtszeit eines neuen Schützenkönigs. Nach der ganzen Anspannung, die das Königsschießen mit sich gebracht hat, haben wir uns ein wenig Entspannung redlich verdient. Dem könnt ihr bestimmt alle zustimmen, nicht wahr?

Vergessen werden darf bei allem selbstverständlich auch unsere neue Regentin nicht, die bereits gestern in den Rang der diesjährigen Schützenkönigin erhoben wurde. Du, liebe (Name), und ich, wir werden den Schützenball mit einem gemeinsamen Tanz eröffnen. Vielleicht sollten wir allerdings zuvor noch ein wenig proben, damit wir uns nicht blamieren. Du weißt ja, ich bin kein sonderlich begnadeter Tänzer.

Wie es sich für einen neuen Schützenkönig gehört, werde ich dann natürlich auch die eine oder andere Runde ausgeben. Seid also herzlich eingeladen, gemeinsam mit mir etwas über die Stränge zu schlagen!

Im Anschluss an unser Schützenfest werde ich, hoffentlich mit eurer Hilfe, die Scheibe des Königsschießens an unserem Haus befestigen. Schließlich sollte man es ja auch nach außen hin zeigen, wenn man Schützenkönig geworden ist.

Das wichtigste Ziel, das ich mir für meine Regentschaft gesetzt habe, ist jedoch die Kameradschaft und den Sportsgeist unter uns Schützen weiter zu fördern – vielleicht durch ein paar zusätzliche Treffen oder gar ein paar zusätzliche Feste. Mein besonderes Augenmerk liegt jedoch auf der Jugendarbeit. Gemeinsam mit dem Jungschützenkönig möchte ich mich dafür einsetzen, dass unsere jugendlichen Mitglieder sich nicht nur zum Training im Schützenhaus treffen dürfen, sondern auch private Feiern dort abhalten können, sofern für den jeweiligen Termin nichts anderes geplant ist. Außerdem wäre es schön, wenn wir es schaffen könnten, weitere Jugendliche aus unserem Ort für den Schießsport zu begeistern. Meine Mitregentin (Name) hat mir dafür ebenfalls ihre Unterstützung zugesagt – ich hoffe, ihr versagt mir eure Mitarbeit auch nicht. Bei der ganzen Arbeit, die auf uns im Laufe des nächsten Jahres zukommen wird, sind (Name) und ich nämlich darauf angewiesen, dass ihr uns – wie ihr es auch bei meinem Vorgänger getan habt – tatkräftig unter die Arme greift.

Apropos Vorgänger: Last but not least möchte ich nun natürlich auch (Name) noch danken, der als Schützenkönig des vorigen Jahres in unserem Verein durch sein Engagement, seine Tatkraft und seine Fähigkeit, andere zu begeistern, einiges zum Positiven verändert hat. Ohne sein Engagement hätten wir zum Beispiel bestimmt nicht damit begonnen, das Schützenhaus behaglicher zu gestalten.

Ich hoffe, dass ich seine Arbeit mit genauso viel Elan und Begeisterung fortführe und dass ich ihm ein würdiger Nachfolger sein werde. Lasst uns jetzt noch einmal das Glas erheben und gemeinsam auf (Name)s Wohl anstoßen – und natürlich auf unser diesjähriges Schützenfest!

Eröffnungsrede zu einem Sportfest

Liebe Sportfreunde!

Der Philosoph Jean-Jacques Rousseau schrieb über den Sport: *»Vor allem wegen der Seele ist es nötig, den Körper zu üben, und gerade das ist es, was unsere Klugschwätzer nicht einsehen wollen.«*

Nun denn, zu den Klugschwätzern wollen wir uns nicht zählen lassen. Denn wir wissen: So ein Sportfest, wie wir es nun veranstalten, erfreut Leib und Seele gleichermaßen. Es bietet uns Abwechslung, dem einen oder anderen auch einen Sieg im Wettkampf und uns allen die Freude bei Spiel und Sport.

Seien wir mal ehrlich: Wie sieht unser Alltag aus? Wir arbeiten, kommen nach Hause, erledigen vielleicht noch etwas, essen, schalten den Fernseher ein. Fitness-Bewusste gehen vielleicht vorher noch in den nächsten Park und joggen dort eine Runde. Das »übt den Körper«, wie Rousseau sagen würde, tut gut und ist gesund, kein Zweifel. Trotzdem kommen mir diese Joggerinnen und Jogger manchmal etwas einsam vor – sofern das Joggen ihre einzige sportliche Tätigkeit ist.

Denn Sport gemeinsam zu betreiben macht viel mehr Spaß. Das ist der Grundgedanke von Sportvereinen. Und fast wie von selbst ergibt sich dann, dass man nicht nur gemeinsam Sport macht, sondern auch gemeinsam ein Fest feiert. So wie wir es heute tun. Denn nach den Wettkämpfen wird natürlich noch ein gemütliches Beisammensein stattfinden.

Zu unserem heutigen Sportfest haben wir nicht nur unsere Mitglieder und deren Angehörige eingeladen, sondern wir haben das Fest auch öffentlich bekanntgegeben. Ich gebe zu, das geschah nicht nur aus Freundlichkeit und Uneigennützigkeit, sondern auch aus Gründen der Public Relations, wie man heute sagt. Denn ein gelungenes Fest ist natürlich die beste Mitgliederwerbung. Und Mitglieder kann man nie genug haben!

Aber auch, wenn uns jetzt nicht die Beitrittserklärungen aus der Hand gerissen werden: Es ist auch ein Erfolg im Sinne Rousseaus, wenn sich heute zum Beispiel zwei Jogger näher kennen lernen, die sich sonst immer nur mit hängender Zunge im Park begegnen. Vielleicht joggen sie morgen gemeinsam.

Wir veranstalten das Fest in dieser Form dieses Jahr zum ersten Mal. Seien Sie also bitte nachsichtig, wenn sich hier und da die Organisation als noch nicht ganz perfekt erweist und kleinere oder auch größere Pannen passieren.

Einen Erfolg können wir allerdings bereits jetzt schon verbuchen: Es haben sich mehr Wettkampfwillige gemeldet, als wir zu hoffen gewagt hatten. Und noch eine Erfolgsmeldung: Beim vorbereitenden Training haben sich Leute zusammengefunden, die sich vorher bestenfalls flüchtig einmal gesehen hatten. Die Absicht, die wir mit diesem Sportfest verfolgten, scheint also schon jetzt in die Tat umgesetzt.

Ich kann heute noch nicht sagen, welche positiven Folgen diese Veranstaltung nach sich ziehen wird. Vielleicht bleibt es ein jährliches Ereignis, zu dem sich die Beteiligten dann immer einige Wochen vorher trimmen. Vielleicht aber können wir eines gar nicht allzu fernen Tages eine eigene Mannschaft aufstellen. Mannschaftssportarten gibt es ja in großer Auswahl: Handball, Volleyball, Fußball, Eisstockschießen, Curling, Hockey und was nicht sonst noch alles. Und vielleicht tritt dann unsere Vereinsmannschaft gegen eine andere an, nimmt eine Vereinsauswahl irgendwann an Stadtmeisterschaften teil. Doch das ist vorerst noch Zukunftsmusik. Zukunftsmusik, die wir allerdings mit etwas sportlichem Ehrgeiz schon bald verwirklichen könnten.

So ein Sportfest kostet natürlich schon in der Vorbereitung einiges. Doch da erhielten wir reichlich Unterstützung aus dem heimischen Firmen. So ein kleines »Sponsoring« half uns dabei, dieses Fest zu organisieren. Und so möchte ich nun nicht versäumen, an dieser Stelle den Finanziers meinen großen Dank auszusprechen für ihre Großzügigkeit.

Nun aber möchte ich die Kräfte unserer Sportlerinnen und Sportler wie auch die Begeisterung der Zuschauer nicht noch länger zurückhalten. Liebe Sportfreunde innerhalb und außerhalb der Arena, ich wünsche Ihnen erfolgreiche und faire Wettkämpfe. Unser Motto soll heißen: Dabeisein ist alles. Und nun viel Erfolg!

Rede zur Siegerehrung bei einem Sportfest

Liebe Sportlerinnen und Sportler,

mit dem heutigen Wettkampf habt ihr wieder einmal bewiesen, was in euch steckt. Ihr habt fair gekämpft und fair gewonnen und ebenso fair manchmal auch verloren. Wenn auch nicht jeder von euch heute auf dem Siegertreppchen stehen kann, hat jeder von euch doch sein Bestes gegeben. Dafür möchten wir, die Veranstalter, euch zunächst einmal herzlich danken.

Vielleicht sind einige von euch nun erst einmal enttäuscht, weil sie nicht zu den Gewinnern dieses Wettkampfes zählen. Doch wenn man es einmal genauer betrachtet, gibt es bei diesem Sportfest eigentlich keine Verlierer: Allen Teilnehmern und Teilnehmerinnen hat der Wettkampf Spaß gemacht – und Spaß sollte schließlich das Wichtigste am Sport sein. Ihr habt neue Bekanntschaften geschlossen und vielleicht sogar bereits neue Freunde gewonnen. Ihr habt Erfahrungen ausgetauscht und miteinander gelacht. Dieses fröhliche Miteinander zählt im Prinzip viel mehr als jede Medaille, jede Urkunde oder jeder Lorbeerkranz. Sport soll verbinden und nicht entzweien. Denn wie reimte der Dichter Joachim Ringelnatz?

Sport stärkt Arme, Rumpf und Beine,
kürzt die öde Zeit,
und er schützt uns durch Vereine
vor der Einsamkeit.

Daran sollten all diejenigen, die nun noch ein bisschen traurig sind, denken.

Nun aber zu denjenigen, die heute auf dem Siegertreppchen stehen: Zunächst einmal ganz herzlichen Glückwunsch zu eurem großen Erfolg. Ihr habt eure selbst gesteckten Erwartungen erfüllt. Vielleicht wart ihr aber auch selbst überrascht über das, was ihr geleistet habt. Bei dem ein oder anderen war möglicherweise auch das gewisse Quäntchen Glück mit im Spiel, das letztlich dazu geführt hat, den Sieg beziehungsweise den zweiten oder dritten Platz zu erringen. Wie auch immer: Ihr steht auf dem Siegertreppchen. Darauf könnt ihr ohne Frage stolz sein.

Dennoch: Denkt auch einmal an diejenigen, die sich heute mit dem undankbaren vierten Platz oder einem noch weiter vom Sieg entfernt liegenden Rang zufrieden geben mussten. Ihr müsst eure Freude über euren Sieg nicht verbergen, doch tretet gegenüber den anderen nicht zu überheblich auf, denn vielleicht sind sie es, die euch beim nächsten Sportfest überflügeln werden. Schließlich ist oft allein die Tagesform entscheidend, ob jemand einen der ersten drei Ränge erreicht oder nicht. Mit anderen Worten: Hätte der Wettkampf gestern oder vor einer Woche stattgefunden, hättet ihr vielleicht nicht gesiegt.

Der Grundgedanke des Sports liegt darin, völlig unterschiedliche Menschen zusammenzuführen und Gemeinsamkeiten zwischen ihnen herzustellen.

Wenn ihr euch gleich frisch gemacht habt, wartet im Übrigen noch eine Überraschung auf euch alle – auf die Gewinner wie auch auf die anderen Teilnehmer dieses Wettkampfes. Wir haben noch ein kleines Abschlussfest vorbereitet, damit ihr nach dem Wettkampf nicht einfach auseinander geht und damit diese Siegerehrung bei dem ein oder anderen von euch nicht doch ein schlechtes Gefühl hinterlässt. Im Sportlerheim haben wir ein kleines Büfett aufgebaut, damit ihr nach dem anstrengenden Wettkampf wieder zu Kräften kommt. Wir hoffen, dass durch diese kleine Feier auch kleinere Streitigkeiten ausgeräumt werden können, zu denen es im Verlauf des Wettkampfs möglicherweise doch gekommen ist. Denn wie das alte Sprichwort schon sagt: »Essen und Trinken hält Leib und Seele zusammen.« Doch nicht nur das: Wer gemütlich bei Speis' und Trank zusammensitzt, ist auch viel weniger bereit, sich zu streiten oder sich zu ärgern. Ihr werdet es ja selbst sehen.

Zuletzt möchte ich nun aber noch all denjenigen meinen Dank aussprechen, die dieses Sportfest und das anschließende gesellige Beisammensein überhaupt möglich gemacht haben. Mein Dank gilt allen Trainern, allen Wettkampfrichtern und vor allem denjenigen, die uns ehrenamtlich geholfen haben. Ohne ihre Hilfe wäre diese Veranstaltung niemals zustande gekommen. Selbstverständlich sind auch alle Helfer zu unserem kleinen Abschlussfest eingeladen.

Doch nun sollten wir uns ein wenig beeilen. Ich sehe schon viele ausgehungerte Gesichter, die sich wahrscheinlich nichts sehnlicher wünschen als über das Büfett »herzufallen«. Also dann: Viel Spaß bei unserer kleinen Feier!

Jubiläumsreden

Dankesrede für 10 Jahre ehrenamtliche Tätigkeit

Liebe (Name),

es ist jetzt fast genau zehn Jahre her, dass wir dich gefragt haben, ob du Lust hast, das Mutter-und-Kind-Turnen in unserem kleinen Sportverein zu leiten. Du warst selbst frisch gebackene Mutter und wolltest neben deiner Tätigkeit als Hausfrau noch etwas anderes machen. Also hast du dich dafür entschieden, als Übungsleiterin in unserem Verein tätig zu werden – und das noch dazu ehrenamtlich. Heute wollen wir dir endlich gebührend für deine langjährige Tätigkeit in unserem Verein danken.

Wir möchten dir, liebe (Name), neben einem Blumenstrauß einen Gutschein für dich und deinen Mann überreichen. An einem Wochenende eurer Wahl fahrt ihr beiden in ein kleines, romantisches Hotel im Schwarzwald, wo ihr euch einmal so richtig verwöhnen lassen könnt. Für die Betreuung eurer Kinder ist währenddessen selbstverständlich gesorgt. (Name) und (Name) freuen sich schon darauf, eure zwei Wirbelwinde übers Wochenende bei sich einzuquartieren. Ihr braucht euch also um nichts anderes als den Termin zu kümmern.

Vielleicht fragst du dich nun, liebe (Name), wie unser kleiner Verein das Geld für diese Fahrt aufbringen konnte, sind wir doch sonst darauf angewiesen, dass nahezu alle Übungsleiterinnen ehrenamtlich für den Verein tätig sind. Ganz einfach: Wir haben eine kleine Sammlung unter den Mitgliedern veranstaltet, die alle auch gern dazu bereit waren, einen kleinen Beitrag für diese Überraschung zu leisten. Schließlich haben fast alle kleineren Kinder unseres Ortes bei dir die ersten Purzelbäume geübt. Und nicht nur das: Du bist auch heute noch überaus beliebt bei allen, die jemals an deinen Übungsstunden teilgenommen haben. Also keine falsche Scham: Freu dich über das Geschenk und nimm es an, ohne rot zu werden.

Auf die Gefahr hin, dass du dich schon wieder schämst, möchte ich jetzt noch den anderen Vereinsmitgliedern deine Verdienste schildern. Als du damals das Mutter-und-Kind-Turnen eingeführt hast, wusstest du selbst noch gar nicht so genau, was auf dich zukommt. Du hattest zwar an einem Wochenendkurs für angehende Übungsleiter teilgenommen und mehrere Bücher gelesen, um dich über die Durchführung des Trainings zu informieren, doch im Prinzip warst du, was das Übungsleiterdasein angeht, noch ein unbeschriebenes Blatt. Die ersten Übungsstunden sollten deshalb für dich sehr aufregend werden.

Zunächst einmal wusstest du ja gar nicht, wie viele Mütter oder Väter mit ihren Kindern am Turnen teilnehmen würden. Du bist davon ausgegangen, dass du beim ersten Training vielleicht sogar allein in der Halle stehen würdest. Doch Pustekuchen! Bereits die erste Übungsstunde war ein Riesenerfolg. Zehn Mütter mit ihren Kleinkindern standen vor der Tür! Im ersten Moment musst du wohl ein bisschen erschrocken gewesen sein, dass es so viele waren. Doch dann hast du all deinen Mut zusammengenommen und das Training begonnen. Du hattest dir einen detaillierten Plan für die erste Stunde gemacht, der jedoch sehr schnell von den Kleinkindern über den Haufen geworfen wurde, denn diese wollten sich nicht in ein Schema pressen lassen – sie wollten manche Übungen gern noch ausdehnen und hatten zu anderen überhaupt keine Lust. Dennoch waren alle Teilnehmerinnen und Teilnehmer nach der ersten Übungsstunde sehr zufrieden.

Nach und nach hast du dann die nötige Sicherheit bei der Planung deiner Übungsstunden gefunden. Das lag unter anderem auch daran, dass du an einer Reihe von Fortbildungen für Übungsleiter teilgenommen und dich interessiert bei anderen Trainern nach deren Erfahrungen erkundigt hast. Du hast eine Menge Zeit für den Verein geopfert – und das vollkommen unentgeltlich. Allerdings – und das hast du immer betont – hat dir die Arbeit mit den Eltern und Kindern stets viel Spaß bereitet.

Und auch heute – nach zehn Jahren – ist es für dich immer noch nicht zur Routine geworden, das Training zu gestalten. Kein Wunder, dass deine Übungsstunden großen Zulauf haben.

Wir hoffen natürlich, dass du unserem kleinen Verein noch lange erhalten bleibst. Deshalb möchten wir dir auf diesem Weg noch einmal ganz herzlich für all das danken, was du für den Verein und damit auch für die Menschen in diesem Ort getan hast. Bleib auch weiterhin so, wie du bist!

Rede eines ehrenamtlichen Mitarbeiters zu seinem 15-jährigen Jubiläum

Liebe Kollegen, liebe Freunde,

es ist euch tatsächlich gelungen, mich mehr als zu überraschen. Zwar hatte ich mir schon gedacht, dass ihr euch eine Kleinigkeit ausgedacht habt – schließlich habe ich vor 15 Jahren meine ehrenamtliche Tätigkeit bei unserer Wohltätigkeitsorganisation aufgenommen und ich weiß ja, dass ihr solche Jubiläen nicht vergesst –, doch auf das, was mich heute hier erwartet hat, war ich nun wirklich nicht gefasst.

Da komme ich doch heute Morgen hierher und das Erste, was ich sehe, ist dieses Spruchband mit der Gratulation zu meinem 15-jährigen Jubiläum. Doch damit nicht genug: Ihr habt euch tatsächlich auch noch die Mühe gemacht, alle Räume zu schmücken und eine Kaffeetafel aufzubauen, um dieses Ereignis gebührend zu feiern. So etwas bezeichnet man als wahre Überraschungsparty!

Doch das ist noch nicht alles: Ihr habt auch den ehemaligen Mitarbeitern Bescheid gegeben, damit sie heute an dieser Feier teilnehmen können. Außerdem habt ihr einige unserer ehemaligen »Klienten« eingeladen, um den Tag hier mit uns zu verbringen – ihr wusstet schon genau, wie ihr mich aus der Fassung bringen könnt.

Vollends gerührt war ich dann jedoch über euer Geschenk: Die selbst gebastelte Collage mit euren Fotos und Bildern aus unserer gemeinsamen Tätigkeit ist mir sicherlich wertvoller als jedes andere teure Präsent. Schließlich weiß ich, dass sie von Herzen kommt und dass ihr einige Zeit und Mühe aufgewendet habt, um diese Collage fertigzustellen. Ich möchte mich deshalb erst einmal ganz herzlich bei euch allen bedanken.

Doch jetzt zurück zu meiner Rede, die ich eigentlich für heute vorbereitet hatte: Ich möchte den heutigen Tag zum Anlass nehmen, euch zu erklären, wie viel mir diese Arbeit hier mit euch bedeutet.

Als ich vor 15 Jahren meine ehrenamtliche Tätigkeit aufgenommen habe, hätte ich niemals gedacht, dass ich 15 Jahre bei der Stange bleiben würde. Ich wollte in meiner Freizeit unbedingt etwas Sinnvolles tun, denn als die Kinder aus dem Haus waren, kam ich mir doch ein wenig unnütz vor. Deshalb dachte ich, ich könnte meine Arbeitskraft in den Dienst einer sinnvollen Sache stellen: anderen Menschen zu helfen. Nie wäre ich jedoch auf die Idee gekommen, dass ich schließlich so viele Jahre durchhalten würde.

Als ich damals zu euch kam, sahen diese Räume noch ganz anders aus. Nicht so freundlich und fröhlich wie heute – im Gegenteil. Der Putz fiel von den Wänden und einen Anstrich konnten die Zimmer auch mal wieder gebrauchen. Dennoch: Die Herzlichkeit, mit der ich hier als neue ehrenamtliche Kraft empfangen wurde, überdeckte die bedrückende Atmosphäre dieser Räume. Ich wurde auch sofort darüber aufgeklärt, dass unserer Organisation nur wenig Geld zur Verfügung steht und dass dies besser in die Arbeit mit den Menschen investiert sei als in irgendwelche Renovierungsmaßnahmen. Dem konnte ich nur zustimmen.

Dann wiesen mich die damaligen Mitarbeiter in meine ehrenamtliche Tätigkeit ein, und zwar mit einer Geduld, von der ich noch heute begeistert bin. Schließlich musste man mir manches mehrfach erklären, bis ich es begriffen hatte.

Die Arbeit mit den Menschen bereitete mir sofort große Freude. Ich glaube, das ist auch der Grund, warum ich dieser Tätigkeit über einen so langen Zeitraum nachgegangen bin. Natürlich gab es zwischendurch immer wieder Schwierigkeiten, doch gemeinsam gelang es uns, diese zu bewältigen. Meistens waren es finanzielle Probleme, die uns bedrückten. Glücklicherweise haben wir in den letzten Jahren im Landkreis und in der Firma X kompetente Partner gefunden, die unsere Arbeit auch mit finanziellen Mitteln unterstützen. So konnten wir endlich überfällige Maßnahmen (unter anderem die Renovierung) in Angriff nehmen. Seitdem der finanzielle Druck ein wenig von uns genommen ist, macht die Arbeit hier noch mehr Spaß. Das liegt jedoch in erster Linie an euch, liebe Freunde. Euch gelingt es immer wieder, eine Atmosphäre der Wärme und der Herzlichkeit zu schaffen – wie heute. Deshalb bin ich mir sicher, dass ich – sollte es mein Gesundheitszustand zulassen – auch die nächsten 15 Jahre hier mit euch verbringen werde.

Doch nun genug der vielen Worte: Jetzt wollen wir uns doch lieber an die Kaffeetafel setzen, die ihr so schön vorbereitet habt. Habt noch einmal vielen herzlichen Dank. Diesen Tag werde ich wohl so schnell nicht vergessen!

Dankesrede eines Mitarbeiters zum 20-jährigen Dienstjubiläum

Sehr geehrte/r (Namen der/des Vorgesetzten), liebe Kolleginnen und Kollegen,

natürlich war mir klar, dass heute nicht ein Arbeitstag wie jeder andere sein würde – sein 20-jähriges Dienstjubiläum feiert man ja nicht alle Tage. Dennoch: Mit dieser großen Zahl von Gratulanten und Geschenken anlässlich meiner 20-jährigen Betriebszugehörigkeit habe ich nun wirklich nicht gerechnet. Ich bin geradezu überwältigt. Deshalb möchte ich mich mit dieser kleinen Ansprache bei Ihnen allen ganz herzlich bedanken, denn über jedes der Präsente habe ich mich sehr gefreut.

Für ein Geschenk möchte ich mich jedoch besonders bedanken:

Die Kolleginnen und Kollegen meiner Abteilung haben mit der Geschäftsführung gesprochen und um einen zusätzlichen freien Tag für mich gebeten. Damit die Geschäftsleitung zustimmt, haben sie ihr angeboten, dass jeder von ihnen morgen unentgeltlich eine Viertelstunde länger arbeiten würde. Diesem Vorschlag stimmte die Geschäftsführung zu, sodass ich morgen einen zusätzlichen »Feiertag« genießen darf. Für dieses wunderbare Geschenk danke ich Ihnen allen ganz herzlich – von so einer Idee habe ich bislang noch nie gehört.

Dass ich mich über diesen freien Tag besonders freue, heisst nun aber nicht, das ich ungern hier arbeite – im Gegenteil. Allein meine 20-jährige Betriebszugehörigkeit dürfte eigentlich beweisen, wie gut es mir hier gefällt. Denn – heute kann ich es ja sagen – in der Vergangenheit habe ich durchaus manchmal mit dem Gedanken gespielt, mich bei einer anderen Firma zu bewerben. Was mich jedoch immer davon abgehalten hat, ist das ausgesprochen gute Betriebsklima hier in unserem Haus.

Seit einigen Jahren ist ja der Begriff »Mobbing« in aller Munde. Keine Talkshow im Fernsehen, in der nicht Mobbing-Opfer berichten, wie gegen sie am Arbeitsplatz intrigiert wird, wie sie geschnitten, beleidigt oder »kaltgestellt« werden. Solch ein Mobbing kann einem das Arbeitsleben – und nicht nur das – zur Hölle machen. »Mobbing« ist ja bekanntlich ein Fremdwort – und ich glaube, hier in unserer Firma ist es ein Fremdwort geblieben. Die Freundlichkeit und Kollegialität, die gegenseitige Hilfsbereitschaft und der Teamgeist sind, meine ich, einmalig. Natürlich gab und gibt es auch bei uns Krisensituationen, macht nicht jede Arbeit gleich viel Spaß, haben wir nicht alle ständig ein freundliches Lächeln auf den Lippen – ich selbst bin zum Beispiel bekannt dafür, dass ich am Montag Morgen vor zehn Uhr besser nicht anzusprechen bin. Aber insgesamt herrscht doch bei uns eine sehr angenehme, solidarische Arbeitsatmosphäre. Und dafür danke ich Ihnen allen.

Lassen Sie uns nun gemeinsam einen Schluck Sekt trinken – meine Kehle fühlt sich nach dieser Ansprache wie ausgedörrt an. Ich trinke auf die besten Kolleginnen und Kollegen der Welt! Prost!

Dankesrede für einen Mitarbeiter zum 25-jährigen Dienstjubiläum

Lieber Herr (Name),

wir haben uns heute hier aus einem sehr wichtigen und schönen Anlass zusammengefunden, den es gebührend zu feiern gilt: Sie sind seit mittlerweile 25 Jahren für unsere Firma tätig – fast genauso lange wie das Unternehmen existiert. Ich bedanke mich deshalb bei Ihnen zunächst für die hervorragende Zusammenarbeit und natürlich für Ihre Treue zu unserem Betrieb. Zur Feier dieses Tages haben wir einen kleinen Sektempfang mit kaltem Büfett arrangiert. Einen Blumenstrauß sollen Sie natürlich auch noch erhalten – allerdings nicht von mir, sondern aus der Hand einer jungen Dame aus Ihrer Abteilung.

Lieber Herr (Name),

ich erinnere mich noch gut daran, wie Sie damals zu uns kamen. Wie könnte ich es auch vergessen? Schließlich habe ich Sie noch selbst eingestellt. Diese Firma war noch ein kleines Unternehmen und da musste und wollte ich als Chef die Mitarbeiter schon noch selbst auswählen. Als Sie mir zum ersten Mal gegenüberstanden, hatte ich sofort das Gefühl: »Das ist unser Mann!« Eigentlich merkwürdig – schließlich waren Sie damals noch sehr jung und unerfahren. Doch Ihr Elan, Ihre Begeisterungsfähigkeit und Ihre rasche Auffassungsgabe, die Sie mir im Vorstellungsgespräch unter Beweis stellten, überzeugten mich, Sie einzustellen. Und ich habe Recht behalten: Mit Vitalität und Tatkraft gingen Sie selbst schwierigste Aufgaben an. Sie wurden auch nie müde zu beweisen, was in Ihnen steckt. Ich weiß nicht, wie viele Überstunden Sie am Anfang machten, um die Expansion unserer Firma voranzutreiben und sie konkurrenzfähig zu machen – es müssen wohl unzählige gewesen. In jedem Fall waren es so viele, dass ich sie zunächst nicht entsprechend honorieren konnte. Keine Frage für mich, dass Sie nach erfolgreicher Expansion des Unternehmens eine verantwortungsvolle Position bekleiden würden.

Ihre Bemühungen trugen nach einiger Zeit Früchte – wir konnten eine Reihe neuer Mitarbeiter einstellen, an deren Auswahl Sie nicht unmaßgeblich beteiligt waren. Viele von den hier Anwesenden haben ihren Arbeitsplatz somit unter anderem Ihnen zu verdanken.

Heute hat unser Betrieb 150 Mitarbeiterinnen und Mitarbeiter – für ein Unternehmen in unserer Branche nicht gerade wenig. An diesem Erfolg haben Sie großen Anteil, was ich selbstverständlich sehr zu schätzen weiß. Außerdem bin ich stets von Neuem überrascht, mit welchem Elan Sie auch heute noch an die Arbeit gehen. Viele andere in Ihrer Position würden sich nun allmählich zurücklehnen und auf das hinab blicken, was sie erreicht haben. Ihnen reicht es jedoch nicht, sich auf Ihren Lorbeeren auszuruhen. Tag für Tag suchen Sie neue Herausforderungen und es macht Ihnen Spaß, Ihre Mitarbeiterinnen und Mitarbeiter zu begeistern und mitzureißen.

Lieber Herr (Name),

einen so verdienstvollen Mitarbeiter wie Sie es sind, wünscht sich wohl jedes Unternehmen. Es wäre schön, wenn Sie uns weiterhin »treu« blieben.

Liebe Mitarbeiterinnen und Mitarbeiter,

lassen Sie uns nun das Glas erheben und auf das Wohl von Herrn (Name) anstoßen. Auf dass er Ihnen und mir noch lange erhalten bleibt!

Rede zum 10-jährigen Bestehen einer Musikschule

Meine sehr verehrten Damen und Herren!

Liebe Musikfreunde, liebe Musikliebhaberinnen!

Seien Sie herzlich willkommen zu dieser kleinen Feier anlässlich des zehnjährigen Bestehens unserer Musikschule. Vor allem freut es mich, dass so viele Nicht-Schülerinnen und -Schüler zu uns gefunden haben.

Wir haben uns bemüht, ein ansprechendes Rahmenprogramm zu gestalten, das dem Anlass eines 10. Geburtstages auch gerecht wird. Vielleicht bekommen heute auch Außenstehende Lust, sich in der Freizeit aktiv mit Musik zu beschäftigen. Ich lade alle dazu ein, dies vielleicht in unserer Schule zu verwirklichen.

Unser Ziel war es von Anfang an, jungen Menschen das Musizieren nahe zu bringen. Außerdem wollen wir jenen Kindern eine musikalische Früherziehung anbieten, deren Eltern sich keine teuren Privatlehrer leisten können. Darin sehen wir ein Stück Chancengleichheit für alle Kinder.

Heute, nach den zehn ersten Jahren unserer Schule, können wir mit dem Ergebnis vollauf zufrieden sein. Der Zulauf war nach ein paar Anfangsjahren immens. Musikunterricht, wenn er erschwinglich ist, findet bei den Kindern überall Anklang.

Liebe Gäste, eine Probe aus dem Repertoire unserer Schülerinnen und Schüler können Sie heute hören. Wir bieten Ihnen dazu die sehr frühen Kompositionen von Wolfgang Amadeus Mozart. Diesen Komponisten haben wir nicht ohne Grund ausgewählt:

Eines der hervorstechenden Merkmale der Musik von Mozart ist ihre Leichtigkeit, um nicht zu sagen: ihre Verspieltheit. Darum eignet sich Mozarts Musik ganz besonders für Kinder und Jugendliche. Sie kommen mit einem schweren Bach oder einem stürmischen Beethoven noch nicht so gut zurecht wie mit Mozart.

Lassen Sie mich eine kleine Anekdote über das schon früh erkennbare Talent Mozarts erzählen. Die Geschichte wurde von Johann Andreas Schachtner überliefert, dem Hoftrompeter in Salzburg.

Schon früh zeigte sich bei Mozart ein außerordentlich feines musikalisches Gehör. Der Hoftrompeter Schachtner besaß eine Geige mit sehr sanftem, weichem Ton. Als Wolfgang Amadeus etwa fünf Jahre alt war, brachte Schachtner die Geige zu einem Besuch bei Familie Mozart mit. Einen ganzen Nachmittag hindurch musste der junge Mozart auf ihr spielen, so sehr gefiel sie ihm.

Zwei Tage später kam Schachtner wieder zu Besuch, diesmal ohne Geige. Wolfgang Amadeus spielte gerade auf seinem eigenen Instrument. Plötzlich hielt er inne und sagte zu Schachtner, seine Geige sei wohl um einen halben Ton zu tief gestimmt. Erst lachte Schachtner darüber. Doch Vater Leopold Mozart kannte das außerordentliche Gehör seines Sohnes. Sie holten Schachtners Geige, und tatsächlich: Sie war um einen halben Ton tiefer gestimmt als Wolfgangs Geige.

Liebe Gäste, es ist nun nicht unser Ziel, Wunderkinder hervorzubringen. Das wäre ja auch gar nicht möglich, denn eine begnadete Begabung setzt sich auch ohne besondere Förderung durch.

Unser Ziel ist es hingegen, die normale musische Begabung, die jedes Kind mitbringt, nicht verkümmern zu lassen. Dies ist uns, wie ich meine, in den ersten zehn Jahren unseres Wirkens gelungen. Zur Allgemeinbildung gehört eben auch die Musik. Darum würde es uns freuen, wenn sich heute einige unter Ihnen unserem Förderverein anschließen würden.

Nun aber möchte ich Ihre Spannung auf die jungen Leute nicht weiter strapazieren. Hören Sie sich an, was die Musikerinnen und Musiker in unserem Verein auf ihren Instrumenten zu Wege bringen und genießen Sie den heutigen Abend!

Rede zum 40-jährigen Bestehen eines Wandervereins

Liebe Wanderfreunde! Verehrte Gäste!

Ein herzliches Willkommen Ihnen allen zu unserem 40. Vereinsjubiläum. Im Leben eines Menschen ist der Vierzigste eine nicht ganz unkritische Marke. Da lässt man die Zeit der Jugend nun endgültig hinter sich und gehört zu den so genannten mittleren Semestern, die vernünftig und solide sein sollten. Manch einer merkt da zum ersten Mal, dass die Zeit davoneilt und nicht ganz spurlos an einem vorübergeht. Kein Wunder, wenn der 40. Geburtstag einem Menschen recht zwiespältige Gefühle bereitet.

Ganz anders dagegen der Vierzigste im Leben eines Vereins. Da hat das Alter eine völlig andere Bedeutung. Nach 40 Jahren haben wir uns längst etabliert. Und zu jedem Jubiläum wird der

Stolz auf die lange Zeit guter Zusammengehörigkeit größer. Für einen Verein zählt nicht die Jugend, sondern das Alter. Es zeigt, wie gut sich die Idee des Vereins bewährt hat und wie gut es doch war, sich zusammenzuschließen.

Wilhelm von Humboldt hat einmal geschrieben: »Im Grunde sind es doch die Verbindungen mit Menschen, welche dem Leben seinen Wert geben.« In diesem Geiste hoben wir unser Geburtstagskind vor 40 Jahren aus der Taufe. Die Verbindungen mit Menschen waren uns wichtig. Und sie gaben unserer Leidenschaft zu wandern einen Wert.

Nicht ganz ohne Stolz, ich gebe es zu, feiern wir heute diesen Anlass. Für mich ist das schon ein ganz außerordentlicher Tag, denn ich gehörte noch zu den »Vätern«, die ein schönes Stück an Arbeit zu erledigen hatten, um unser Geburtstagskind in den ersten Jahren seines Daseins am Leben zu erhalten.

Erinnern wir uns doch einmal zurück: Es war das Ende der Fünfziger-, der Beginn der Sechzigerjahre. In den Wohnzimmern standen Nierentische und Radioschränke. Über den Schwarzweißbildschirm flimmerte zum ersten Mal »Der goldene Schuss«. Die halbe Nation saß vor dem Fernseher und zitterte im entscheidenden Moment mit.

Das Lebensgefühl hatte sich damals gerade gewandelt, auch die kleinen Leute konnten sich wieder etwas Luxus leisten. Und da stand an erster Stelle auf der Wunschliste ein Auto, mit dem man sonntags mitsamt der ganzen Familie zur Spazierfahrt aufbrach. Wandern, das war damals nicht gerade »in«.

Darum gab es auch in unserem Gebiet auch kaum Zusammenschlüsse von Wanderfreunden. Einige traditionsreiche große Wandervereine hatten sich noch nicht bis in unsere Gegend gewagt. Keiner von ihnen hatte hier einen Regionalverband aufgebaut. Da kamen wir und wollten Abhilfe schaffen. Gewissermaßen betätigten wir uns als Pioniere auf diesem Gebiet.

Im Hinterzimmer unserer ehemaligen Stammgaststätte trafen wir uns, vierzehn Gleichgesinnte, und hoben dann mit Brief und Siegel, mit Satzung und Eintrag im Vereinsregister unser Geburtstagskind aus der Taufe. Viele aus unserem Bekanntenkreis schlossen sich uns an und es bildete sich eine kleine Gemeinschaft. Als wir schließlich im elften Jahr ein Vereinshaus bauen konnten, kam der Durchbruch in der breiten Öffentlichkeit. Die Geselligkeit zog viele neue Wanderfreunde aus der Stadt und dem gesamten Umkreis an.

So möchte ich heute die Gelegenheit ergreifen und im Namen unseres Vereins den kommunalen Vertreterinnen und Vertretern meinen ganz herzlichen Dank aussprechen. Auch wenn viele von Ihnen damals noch gar nicht in Amt und Würden waren, gilt dieser Dank Ihnen allen. Denn die große Unterstützung, die wir in den Anfangstagen unseres Vereins durch die Kommunen erhalten haben, hat sich auch in späteren Jahren fortgesetzt. Den Grund für diese Unterstützung vermute ich darin, dass viele in den Ämtern dem Wandern nicht abgeneigt sind. Wir stießen überall auf wohlwollende Unterstützung.

Auch den vielen Wanderfreunden in Stadt und Landkreis gebührt unser Dank, denn unser Geburtstagskind konnte mit Ihrer tatkräftigen Unterstützung, liebe Gäste, das Laufen lernen. Unser Verein hat heute feste Beziehungen in andere Regionen. Die vielen Treffen in den schönsten Wandergebieten Deutschlands und auch Europas wären nicht möglich ohne diese Verbindungen.

So ein Jubiläum ist natürlich ein schöner Grund zu feiern. Davon möchte ich Sie nun auch nicht länger abhalten. Ich wünsche uns allen kurzweilige und fröhliche Stunden und eröffne hiermit unser Jubiläumsfest!

Rede zum 100-jährigen Bestehen eines Gesangvereins

Liebe Freunde,

ihr kennt sicher das alte Sprichwort: »*Wo man singt, da lass' dich ruhig nieder, böse Menschen haben keine Lieder.*« Wenn man aus diesem Sprichwort den Umkehrschluss zieht, bin ich im Moment nur von guten Menschen umgeben, denn viele von euch sind stimmgewaltige, sangesfreudige Mitglieder unseres Gesangvereins, dessen 100-jähriges Bestehen wir heute feiern wollen.

Vor genau 100 Jahren kamen der Gründungsvater unseres Vereins, (Name), und einige weitere Einwohner unseres Ortes auf die Idee, regelmäßige Sängertreffen abzuhalten. Um das Ganze auf solide Füße zu stellen und ihre Offenheit für neue Mitglieder zu bekunden, beschlossen sie, einen Gesangverein zu gründen. Wie es sich damals gehörte, durften diesem Verein selbstverständlich zunächst nur Männer angehören. Auch wenn man es sich heute nur schwer vorstellen kann: Die Sangeskunst und das Vereinsleben galten damals – zumindest in den kleineren Orten – als reine Männerdomäne.

Zunächst trafen sich die Mitglieder des Gesangvereins zweimal monatlich in der Gaststätte »Zum grünen Krug«. Im Hinterzimmer der Gaststätte wurden einerseits Lieder einstudiert, andererseits wurde bei diesen Treffen natürlich auch dem Alkohol reichlich zugesprochen. Schließlich traf man sich nicht nur, um zu singen, sondern auch wegen des geselligen Beisammenseins.

Dann kam der Erste Weltkrieg. Viele der Vereinsmitglieder wurden an die Front berufen, manche kehrten nicht mehr zurück. Verständlich, dass das Sängerleben während des Kriegs ziemlich brach lag. Nach dem Weltkrieg versuchte man jedoch, an alte Traditionen anzuknüpfen. Die Sängertreffen wurden wieder aufgenommen – allerdings immer noch ohne die Beteiligung von Frauen.

Die Jahre gingen ins Land, es folgten die Wirtschaftskrise, von der bei uns auf dem Land nicht so viel zu spüren war wie in der

Stadt, und die Nazi-Herrschaft. Schließlich kam der Zweite Weltkrieg. Und wieder wurden die Sängertreffen weitgehend eingestellt – einerseits, weil viele Männer zum Militär einberufen wurden, andererseits, weil keiner in dieser Situation so richtig Lust zum Singen hatte.

Nach dem Zweiten Weltkrieg ging es dann allerdings bergauf mit unserem Gesangverein. Nach den Greueln des Krieges waren alle froh, sich endlich mit etwas anderem beschäftigen zu können – und wenn es nur der Neuaufbau eines Gesangvereins war. Nun erkämpften sich auch die Frauen das Recht, Mitglied im Gesangverein zu werden. Allerdings kam es selbstverständlich nicht zu gemeinschaftlichen Treffen der Sänger und Sängerinnen (allerhöchstens zu besonderen Gelegenheiten wurde gemeinsam gesungen), für die Frauen war ein Abend in der Woche, für die Männer ein weiterer Abend reserviert.

Nach kurzer Zeit hatte unser Gesangverein über 100 Mitglieder, was für einen Ort unserer Größe sehr viel war. Doch der Verein expandierte weiter, genau wie unser Ort. Einige Jahre später kam ein Vorstandsmitglied auf die Idee, zusätzlich einen gemischten Chor zu gründen – die Männer- und die Frauengruppe blieben allerdings ebenfalls bestehen. In den Sechzigerjahren kam auf Wunsch zahlreicher Eltern noch der Kinderchor hinzu.

Bei diesen verschiedenen Gruppen ist es bis heute geblieben. Die Mitgliederzahl ist jedoch weiter angewachsen, sodass uns nichts anderes übrig blieb als die einzelnen Chöre noch einmal aufzusplitten. Mittlerweile verfügt unser Verein über einen gemischten Chor, einen Frauen- und einen Männerchor sowie über zwei Kinderchöre – nach dem Alter der Kinder unterteilt. Und ein Ende des Wachstums unseres Vereins ist noch lange nicht in Sicht …

Doch nun genug der vielen Worte. Es ist ganz klar, dass anlässlich der 100-Jahr-Feier eines Gesangvereins die Musik im Vordergrund stehen muss. Aus diesem Grund werden nun alle Chöre unseres Vereins eine Probe ihres Könnens zum Besten geben. Ich wünsche allen Anwesenden viel Spaß bei diesem Hörgenuss!

Reden zu Vereins- und Betriebsfesten im Jahreslauf

Rede zur Karnevalsfeier eines Vereins

Helau und Aalaf, meine lieben Freunde,

endlich ist die närrische Zeit wieder angebrochen. Lange genug haben wir darauf ja warten müssen – genauer gesagt, fast ein ganzes Jahr. Nun können wir endlich wieder zeigen, was in uns steckt: Sei es ein Clown, eine Hexe oder gar ein großer Magier!

Wie ich sehe, habt ihr euch in diesem Jahr besondere Mühe mit euren Kostümen gegeben. So bunt und fantasievoll scheinen sie mir noch nie gewesen zu sein. Vielleicht habt ihr aber auch nur euer Innerstes nach außen gekehrt und brauchtet euch gar nicht groß zu verkleiden? Jeder wählt ja zum Karneval die Figur, die seiner Meinung nach gut zu ihm passt. Oder sollte ich mich da irren? Ich kann euch da einige Beispiele für das eben Gesagte geben. Vorausschicken muss ich allerdings, dass eine gewisse Ähnlichkeit zu den hier anwesenden Personen nicht beabsichtigt ist, sondern rein zufällig wäre. Ich möchte ja niemanden beleidigen – schließlich soll das hier eine fröhliche Feier werden!

Vor Jahren lernte ich einmal einen Mann kennen, der – jedoch ganz unfreiwillig – auf die meisten Menschen komisch wirkte. Zahlreiche seiner Bemerkungen, so ernst sie auch gewesen sein mögen, riefen bei vielen Heiterkeitsausbrüche hervor – wahrscheinlich, weil er dazu stets ein verschmitztes Gesicht machte und sich häufig auch ein wenig ungewöhnlich ausdrückte. Dieser Mann war, obwohl er sehr seriös aussah, so ein richtiger Clown. Kein Wunder, dass er zum Fasching ein wunderbares Pierrotkostüm wählte.

Dann war da noch die Frau, die auf den ersten Blick ein wenig unscheinbar schien. Wenn sie jedoch lächelte oder gar lachte, ging die Sonne auf und alle, insbesondere die Männer, waren von ihr beeindruckt. Diese junge Frau ging als wunderschöne Fee zur Karnevalsfeier – ein Kostüm, das wesentlich besser zu ihr passte als ihre Alltagskleidung.

Eine außergewöhnliche Verkleidung wählte ein junger Mann, obwohl andere sein Kostüm wohl gar nicht als solches erkennen würden. Dieser junge Mann trug normalerweise recht ausgefranste Jeans und ausgeblichene Sweatshirts. Zum Karneval kam er jedoch im Anzug mit Krawatte. Sein »Kostüm« hatte sogar einen tieferen Hintersinn. Er meinte, dass viele Menschen sich durch ihren Beruf tagsüber in ein Kostüm zwängen müssten, das gar nicht zu ihnen passt und in dem sie sich nicht wohl fühlen. Genau darauf wolle er mit seiner Verkleidung aufmerksam machen.

Liebe Vereinsmitglieder, ihr seht also, dass man mit seinem Kostüm einiges über sich preisgibt. Vielleicht habt ihr eure Verkleidung aber auch deshalb ausgesucht, damit sich eure äußere Erscheinung ganz gezielt von der eures Alltags unterscheidet. Auch dafür finden sich hier bestimmt einige Beispiele – ich glaube zum Beispiel kaum, dass die Frauen, die sich heute als Hexe verkleidet haben, sich auch im Alltag als Hexe entpuppen. Und die Männer, die sich heute in ein Tier, zum Beispiel in einen Affen oder ein Schwein, verwandelt haben, werden sonst wohl kaum äffische oder schweinische Manieren an den Tag legen – habe ich nicht Recht? Überlegt also noch einmal ganz genau, warum ihr die Verkleidung gewählt habt, die ihr tragt. Überlegt aber bitte nicht zu lange, denn sonst werdet ihr mir womöglich zu nachdenklich.

Ich jedenfalls habe meine Verkleidung als Zauberer heute mit großem Bedacht gewählt. Es wäre schön, wenn es uns, den Veranstaltern dieser Karnevalsfeier, gelingen könnte, euch heute ein wenig zu verzaubern. Schließlich haben wir ein buntes Programm auf die Beine gestellt: mit Reden aus der Bütt, mit viel Musik, Tanz und diversen närrischen Einlagen. Zwischendurch gibt es immer mal wieder größere und kleinere Verschnaufpausen, denn auf so einer Feier möchte man sich ja auch einmal mit seinen Tischnachbarn unterhalten – selbst wenn man nicht weiß, wer sich hinter der Verkleidung verbirgt. Aber das lässt sich ja durchaus herausfinden!

Ich wünsche euch, liebe Närrinnen und Narren, einen fröhlichen Abend – auf dass er nicht zu feucht wird, damit ihr morgen keine üblen Nachwirkungen verspürt. Doch nun soll es endlich losgehen: Ich erkläre hiermit diese Karnevalsfeier für eröffnet.

Ansprache zum Sommerfest in einer Gartenkolonie

Verehrte Gäste!

Recht herzlich möchte ich Sie alle heute Abend hier begrüßen. Dieses Jahr fällt mir die Aufgabe zu, unser Sommerfest zu eröffnen. Da ich so etwas noch nie gemacht habe, will ich natürlich Fehler vermeiden. Seien Sie mir also nicht böse, wenn ich manchmal vom Blatt ablese.

Das Sommerfest in einer Gartenkolonie ist meistens eine geschlossene und fast schon familiäre Veranstaltung: Die meisten von uns kennen sich schon sehr lange und wir sind auch sonst gut miteinander befreundet. Darum ist es selbstverständlich, dass wir die lauen Sommernächte nutzen und gemeinsam ein solches Fest feiern.

Dem kommt entgegen, dass wir als Schrebergärtner einem eigenen Verein angehören mit ordentlich gewähltem Vorstand und mit viel Idealismus unter den Mitgliedern. Da können wir mit Hilfe aller auch so ein schönes kleines Sommerfest schnell auf die Beine stellen. Einige haben sich zum Grillen zur Verfügung gestellt, andere haben für die Getränke gesorgt, ein Dritter für die Musik und der Vereinsvorstand schließlich hielt alle Fäden in der Hand, damit wir nicht kreuz und quer in ein Chaos laufen.

Nun ist die Frage noch zu klären: Welchen Anlass haben wir denn, um so ein Fest zu veranstalten? Der Anlass, liebe Freunde, ist schnell gesagt: Es ist Sommer und die Nächte sind kurz und lau. Außerdem passt das Wetter ideal und wir wollten dies doch wieder einmal ausnutzen. Ist das nicht Anlass genug?

Ich begrüße also alle alten und neuen Schrebergärtner in unserer Kolonie, für die unsere Grillpartys schon zur Tradition geworden sind. Ich begrüße aber vor allem die Neulinge in unserem Kreis und hoffe, sie fühlen sich wohl.

Das Einzige, was ich uns nun noch wünschen möchte, sind einige frohe Stunden. Doch dieser Wunsch ist fast schon überflüssig zu erwähnen, denn fröhlich sind wir ja jetzt schon alle. Wenn sich diese ausgelassene Stimmung noch steigert, kann heute Abend gar nichts mehr schief gehen. Der Erfolg unseres Sommerfestes wird an der Zahl der lachenden Gesichter abzulesen sein.

»Lachen ist ein Gefühl des Wohlbehagens«, sagt der Amerikaner Josh Billings, *»das überall wahrgenommen und hauptsächlich an einer Stelle gezeigt wird.«* Und Wilhelm Busch meint: *»Lachen ist ein Ausdruck relativer Behaglichkeit.«* Der englische Schriftsteller Percy Lewis schließlich definiert Lachen als *»das freudige Bellen eines Herdentieres in der Nähe seiner Artgenossen«*.

Nun ja, wie man es auch betrachten mag, auf jeden Fall ist Lachen gesund und es gehört überall dorthin, wo Menschen ein Fest feiern. Ich will nun den Verlauf dieser Feier nicht länger aufhalten, sonst vergeht Ihnen womöglich das Lachen noch, und das wäre doch ein schlechter Auftakt. So wünsche ich uns also einige fröhliche Stunden in geselliger Runde und einen angenehmen Abend hier. Ich hoffe, liebe Freunde, Sie amüsieren sich gut und ich erkläre hiermit das diesjährige Sommerfest für eröffnet. Stoßen wir an auf die kleinen Vergnügungen, die einem das Leben versüßen!

Rede zur Weihnachtsfeier im Verein I

Liebe Vereinskameradinnen, liebe Vereinskameraden!

Schon zur lieben Tradition ist sie geworden, diese Weihnachtsfeier im Kreise vertrauter Freunde und Bekannter im Verein. So darf ich euch an dieser Stelle wieder einmal ein herzliches Willkommen sagen.

Es freut mich, euch alle hier zu sehen, und es freut mich in jedem

Jahr von neuem, wenn wir uns gemeinsam auf das Fest einstimmen. Denn wie in jedem Jahr, so können wir unsere Feier auch diesmal zum Anlass nehmen, uns in weihnachtliche Stimmung zu versetzen. Nicht umsonst gibt man dem Christfest ja auch den schönen Beinamen »Fest der Besinnlichkeit«.

Doch worauf sollen wir uns besinnen? Da möchte ich uns eine kleine Anregung geben. Wenden wir doch einmal einige Gedanken auf für all jene Menschen, denen es nicht so gut geht wie uns hier in Deutschland. Gerade zu Weihnachten erscheint mir dies angebracht.

Viele Millionen Menschen auf der ganzen Erde können das Fest nicht in diesem Frieden feiern, wie er uns vergönnt ist. Anderswo auf dieser Welt sind in diesem Augenblick Millionen von Menschen auf der Flucht vor Krieg und Gewalt. Die einzige Frage, die sie beschäftigt, ist: Wovon ernähre ich mich morgen? Wie beschaffe ich Essen für meine Kinder? Wie rette ich das nackte Leben, meines und das meiner Familie?

Liebe Freunde, ich will euch jetzt natürlich nicht in Trübsal über den Zustand unserer Erde und ihrer Völker versetzen. Not, Elend und Leid hat es zu allen Zeiten und an allen Orten immer wieder gegeben. Doch ich denke, gerade zu Weihnachten sollten wir uns diese Realität bewusst machen, sie nicht einfach von uns wegschieben. Wie jedes Jahr werden wir auch diesmal eine Spendensammlung für einen wohltätigen Zweck unternehmen, dieses Jahr sollen die Spenden der Flüchtlingsorganisation (Name) überwiesen werden.

Das »Fest der Besinnlichkeit« ist für mich die Zeit, in der man im Trubel schnell vorbeiziehender Tage, Wochen und Monate etwas inne hält. Gerade darin eröffnet sich für mich ein tieferer Sinn im Weihnachtsfest.

Mit dieser Erkenntnis, liebe Gäste, schließt sich für mich der Kreis und so wünsche ich uns allen ein frohes, ein friedvolles und ein zufriedenes Weihnachtsfest!

Rede zur Weihnachtsfeier im Verein II

Liebe Freunde!

Wenn wir an unsere Kindheit zurückdenken, gehören die Erinnerungen an Weihnachten zu jenen Bildern, die sicher mit am eindringlichsten im Gedächtnis haften geblieben sind.

Wohl ein jeder von uns erinnert sich an die Ungeduld und Vorfreude, damals, als sich die Tage bis Heiligabend schier endlos hinzogen.

Die Kindheit ist längst vorbei für uns, doch das Weihnachtsfest vermittelt noch immer diese besondere Vorfreude, die sich gar nicht so genau erklären lässt. Wir freuen uns auch heute in unserem eher abgeklärten Alter noch, wenn im Advent die Kerzen und Lichter wieder zu brennen beginnen, wenn Straßen und Schaufenster im weihnachtlichen Glanz zum Stehenbleiben und zum Schauen einladen.

Warum das wohl so ist? Ich glaube, an Weihnachten kommt es nicht so sehr aufs Schenken und Beschenktwerden an, sondern auf die innere Stimmung. Vor allem aber darauf, andere mit dieser Stimmung anzustecken. Es heißt eben nicht umsonst: Geteilte Freude ist doppelte Freude.

Gerade an Weihnachten wollen wir im Kreise der Familie und unter Freunden sein. Weihnachten ist das Fest des Friedens, vor allem das Fest des inneren Friedens. Draußen sinken die Temperaturen, drinnen machen wir es uns warm, um nicht zu frieren. Und damit auch die Seele nicht friert, zieht man sich im Dezember gerne in den engsten Kreis der Freunde zurück.

Es liegt an uns, auch unseren Kindern und Enkeln dieses Erlebnis zu erschließen, ihnen andere Welten und andere Sichtweisen zu zeigen. Weihnachten gibt uns eine gute Gelegenheit dazu. Lassen wir sie doch etwas teilhaben am Geheimnisumwobenen und Erwartungsvollen, das wir selbst in unserer Erinnerung an Weihnachten finden. Es ist doch nur deshalb so freudig und angenehm, weil es mit menschlicher Nähe verbunden ist. So lieben es Kinder auch heute noch, mit Erwachsenen zu kuscheln und zum Beispiel aufregende Geschichten erzählt zu bekommen. Berichten wir ihnen dann doch einmal von der eigenen Kindheit. Solche Geschichten aus dem wahren Leben sind oft viel spannender als erdachte Erzählungen. Denken wir dann einfach ein bisschen zurück und nehmen uns ein wenig Zeit für die Erinnerungen.

Diese schönen Stunden im Kreise der Familie und ein gesundes, zufriedenes neues Jahr wünsche ich Ihnen und freue mich darauf, Sie alle im nächsten Jahr hier wieder versammelt zu sehen. Und nun: Lassen Sie uns mit unserer Weihnachtsfeier beginnen!

Ansprache zur Weihnachtsfeier eines Schützenvereins

»Ihr Kinderlein kommet, o kommet doch all«,

die Worte dieses alten Weihnachtsliedes habt ihr, liebe Vereinsmitglieder, heute alle befolgt. Es ist schön, dass so viele von euch zur Weihnachtsfeier unseres Schützenvereins gekommen sind, auch, wenn die meisten schon längst den Kinderschuhen entwachsen sind.

Wie ihr sicher wisst, ist dies nun schon das zehnte Mal, dass wir gemeinsam Weihnachten feiern; so langsam wird es zur Tradition. Ich weiß noch, wie vor zehn Jahren ein Vorstandsmitglied bei einem Treffen auf die Idee kam, eine Weihnachtsfeier abzuhalten. Die meisten von uns waren skeptisch, ob eine solche Feier überhaupt Resonanz unter den Mitgliedern finden würde. Denn in der Vorweihnachtszeit finden ja nahezu inflationär viele Feste statt. Wir meinten, dass die meisten unserer Mitglieder vielleicht überhaupt keine Lust zu einer weiteren Feier haben würden. Doch (Name) – das war derjenige, der den Vorschlag mit der Weihnachtsfeier gemacht hatte – ließ sich nicht beirren. Er meinte, wir müssten ja zunächst keine große Veranstaltung planen und könnten die Mitglieder am Samstagnachmittag des zweiten Adventswochenendes zu einer gemütlichen Feier mit Kaffee, Kuchen, Weihnachtspunsch und Glühwein ins Vereinsheim einladen. Das erfordere nicht viel Aufwand, würde aber bestimmt einigen große Freude bereiten. Also ließen wir uns breitschlagen und stimmten (Name)s Vorschlag zu – allerdings unter einer Bedingung: Er musste sämtliche Vorbereitungen für die Weihnachtsfeier treffen. Trotz der Arbeit, die da allein auf ihn zukam, willigte (Name) ein.

Wir warteten also gespannt ab. (Name) schrieb zunächst eine Einladung zur Weihnachtsfeier, kopierte diese für alle Mitglieder und verteilte sie eigenhändig.

Zunächst war die Resonanz nicht besonders groß – (Name) war die Enttäuschung beinahe ins Gesicht geschrieben. Dennoch gab er die Hoffnung nicht auf, dass sich doch noch mehr Vereinsmitglieder an der Weihnachtsfeier beteiligen würden. Und er sollte Recht behalten: In der Woche, bevor die Weihnachtsfeier stattfinden sollte, trudelten noch zahlreiche Anmeldungen bei ihm ein – glücklicherweise noch rechtzeitig genug für den großen Einkauf.

Ja, und dann begann sie – die erste Weihnachtsfeier unseres Schützenvereins. Sie wurde ein voller Erfolg, zumal (Name) sie auf den Nachmittag gelegt hatte, sodass auch die Kinder der Vereinsmitglieder daran teilnehmen konnten. Er hatte sogar extra ein kleines Programm für die Kleinsten zusammengestellt. Was keiner von uns erwartet hatte: Die Feier zog sich bis tief in die Nacht hinein. Vielleicht lag das an der gemütlichen Atmosphäre, die (Name) in unserem Vereinsheim geschaffen hatte oder aber daran, dass sie durch die Feier endlich einmal dem vorweihnachtlichen Trubel entfliehen konnten – wer weiß?

Jedenfalls mussten die anderen Vorstandsmitglieder (Name) nach Abschluss der Weihnachtsfeier Abbitte leisten. Er hatte Recht damit gehabt, dass eine solche Feier ein voller Erfolg werden würde. Natürlich übernahmen die anderen Vorstandsmitglieder die Aufräumarbeiten, sodass (Name) sich nach den anstrengenden Vorbereitungen endlich einmal ausruhen konnte.

Das Ende vom Lied: Seit zehn Jahren ist unsere Weihnachtsfeier nun Tradition. Es hat sich immer wieder gezeigt, dass ein solch gemütliches Fest in der kalten Jahreszeit großen Anklang findet. Natürlich hat sich seit damals einiges geändert, wie sicherlich vor allem diejenigen feststellen werden, die beim ersten Mal bereits dabei waren. Die Feier ist etwas aufwändiger geworden – es gibt eine größere Auswahl an Speisen und Getränken. Beibehalten haben wir jedoch die Anfangszeit und das Kinderprogramm, damit die Eltern unter unseren Vereinsmitgliedern keine Betreuungsmöglichkeit für ihre Kinder organisieren müssen. Ich kann daher nur hoffen, dass unsere Weihnachtsfeier in diesem Jahr genauso viel Anklang bei euch findet wie die Feiern der Vorjahre. Damit beende ich meine kleine Ansprache – jedoch nicht, ohne zuvor noch einmal unserem verdienten Vereinsmitglied (Name) zu danken. Denn ohne ihn – das wisst ihr alle jetzt – gäbe es diese Veranstaltung nicht. Auf (Name) und eine schöne Feier!

Reden von Vorsitzenden und Chefs

Rede zur Wahl eines Vorstandsmitglieds eines Sportvereins

Liebe (Name),

soeben haben dich die Teilnehmer unserer Jahreshauptversammlung zur neuen Geschäftsführerin unseres Sportvereins gewählt. Zu deinem neuen Amt wollen wir, der übrige Vorstand, dir im Namen aller Vereinsmitglieder ganz herzlich gratulieren. Außerdem möchten wir dir – sozusagen als »Vorschuss« für deine ehrenamtliche Tätigkeit – diesen Blumenstrauß überreichen. Wir hoffen, dass wir deinen Geschmack getroffen haben.

Du weißt ja, welche Pflichten mit deinem neuen Amt auf dich zukommen. Deine Vorgängerin (Name) hat dich schon vor deiner Wahl genau über die Tätigkeit einer Geschäftsführerin aufgeklärt, damit du dieses Ehrenamt nicht unvorbereitet übernimmst. Zwar wusstest du noch nicht, ob du gewählt werden würdest, doch du wolltest nicht ins kalte Wasser springen, ohne vorher zu wissen, was auf dich zukommen würde. Das ist auch gut so, denn die Tätigkeit der Geschäftsführerin ist wahrlich kein Zuckerschlecken. Du musst die Mitgliederkartei verwalten, den Haushaltsplan für das folgende Jahr aufstellen und öffentliche Mittel für die Vereinsarbeit beantragen. Nicht nur das: Gleichzeitig bist du erste Ansprechpartnerin für all diejenigen, die möglicherweise in den Verein eintreten wollen. Du musst alle Anfragen beantworten, die unser Sportangebot und unsere Trainingszeiten betreffen, du musst dich mit Beschwerden von Mitgliedern (ja, auch die gibt es!) herumärgern und die Geschäftskorrespondenz erledigen. Außerdem musst du die anderen Vorstandsmitglieder bei Vorstandssitzungen darüber informieren, wie viel Geld für die einzelnen Aufgabenbereiche des Vereins im laufenden Geschäftsjahr noch zur Verfügung steht.

Nicht gerade wenig Arbeit für jemanden, der gleichzeitig noch einen Beruf ausübt. Daher ist es umso anerkennenswerter, dass du dich sofort dafür entschieden hast, die Tätigkeit als Geschäftsführerin zu übernehmen, als du erfahren hast, dass (Name) diesen Posten nicht mehr länger besetzen kann. Schließlich bekommst du keinen Pfennig Geld für diese Tätigkeit. Wahrscheinlich wirst du zudem häufiger Beschwerden als Lob zu hören bekommen. Auch das kann manchmal ganz schön an den Nerven zerren.

Deshalb meine Bitte an alle anwesenden Mitglieder unseres Vereins: Behandelt (Name) stets mit Respekt. Wenn ihr etwas an der Vorstandsarbeit oder am Training oder an irgendetwas anderem auszusetzen habt, versucht, eure Kritik vorsichtig zu formulieren. Achtet bitte darauf, (Name) nicht persönlich anzugreifen, denn das hätte sie, bei all der Arbeit, die auf sie zukommt, nicht verdient.

Nun noch einmal zu (Name)s Vorgängerin. Dir, liebe (Name), wollen wir im Namen aller Vereinsmitglieder vielmals für die hervorragende Arbeit danken, die du in den letzten Jahren für den Verein geleistet hast. Wir wissen, dass das Amt der Geschäftsführerin für dich teilweise eine große Belastung war. Schließlich bist du Mutter eines kleinen Kindes und arbeitest zudem noch halbtags. Deshalb konnten wir es auch gut verstehen, dass du dieses Amt jetzt aufgeben wolltest, um mehr Zeit für deine Familie zu haben. Als kleines Dankeschön für deine tatkräftige Mitarbeit im Vorstand und vor allem für die Einführung einer »vernünftigen« Buchführung möchten wir dir hiermit einen Gutschein überreichen, der dich und deine Familie in den nächsten zwei Jahren von der Zahlung aller Mitgliedsbeiträge für den Verein befreit. Denn du hast uns zugesichert, dass du dem Verein zumindest als aktive Sportlerin noch treu bleiben wirst. Und diese Blumen hier sind auch für dich.

So, liebe (Name) und liebe (Name) – genug der vielen Worte. Schließlich wollen wir nun noch zum gemütlichen Teil unserer Jahreshauptversammlung kommen, der sich immer an den offiziellen Teil anschließt. Ich hoffe, dass auch ihr noch länger hier bleibt, damit die anderen Vereinsmitglieder euch – vor allem dich, (Name) – näher kennen lernen. Doch nun wünsche ich allen viel Spaß beim inoffiziellen Teil unserer Sitzung!

Ein Vorstandsmitglied bedankt sich für die Wahl in sein Amt

Liebe Mitglieder der Freiwilligen Feuerwehr,

vor gut einer Stunde habt ihr mich zu eurem ersten Vorsitzenden gewählt. Für das Vertrauen, das ihr mir damit entgegengebracht habt, möchte ich mich ganz herzlich bei euch bedanken.

Wie ihr euch vorstellen könnt, freue ich mich sehr darüber, von nun an das Ehrenamt des ersten Vorsitzenden bekleiden zu dürfen – schließlich bin ich schon seit vielen Jahren aktives Mitglied der Freiwilligen Feuerwehr und diese Tätigkeit hat mir immer sehr viel Freude bereitet. Glücklicherweise gibt es hier bei uns in jedem Jahr nur wenige richtige Einsätze, schließlich wünscht man es sich als Mitglied der Freiwilligen Feuerwehr ja nicht unbedingt, dass es irgendwo brennt. Dennoch gibt es immer etwas zu tun. Man denke nur an die vielen Übungen, die wir abhalten müssen, um die Funktion der Löschfahrzeuge zu überprüfen und auch selbst nicht aus der Übung zu kommen. Hinzu kommt die Jugendarbeit – die jungen Leute müssen schließlich erst einmal angeleitet werden, bevor sie an Einsätzen teilnehmen dürfen. Manchmal werden wir auch gerufen, um eine Katze vom Baum zu holen oder einen anderen ähnlich »verantwortungsvollen« Auftrag zu erledigen. Nicht zu vergessen die netten Abende, an denen wir einfach nur zusammensitzen und ein bisschen feiern.

Aus diesen Gründen bin ich der Arbeit bei der Freiwilligen Feuerwehr nie überdrüssig geworden und habe auch nie daran gedacht, meine Laufbahn als aktives Mitglied zu beenden und nur noch zu den passiven – den zahlenden – Mitgliedern zu zählen. Umso mehr freue ich mich, dass ihr mein Engagement nun mit meiner Wahl zum ersten Vorsitzenden belohnt habt.

Vielleicht fragt ihr euch, wie ich mir nun mein Amt als erster Vorsitzender vorstelle? Ganz einfach: Ich werde die Arbeit meines Vorgängers (Name) hoffentlich mit genauso großem Erfolg fortführen. Die anderen Vorstandsmitglieder und ich werden auch weiterhin Übungen durchführen und ein besonderes Augenmerk auf die Jugendarbeit legen.

Besonders wichtig ist mir zudem die Pflege unseres alten Löschfahrzeugs. Wie ihr alle wisst, ist dieser alte Spritzenwagen bereits ein Oldtimer unter den Feuerwehrfahrzeugen. Obwohl er schon längst nicht mehr in Betrieb genommen wird, ist er doch prinzipiell noch immer betriebsbereit. Auch wenn es einiges kosten wird: Ich möchte, dass er auch weiterhin instand gehalten wird. Schön wäre es, wenn wir das Feuerwehrhaus an bestimmten Tagen für Besucher von außen öffnen könnten, damit diese sich das alte Löschfahrzeug ansehen können – vielleicht gegen ein geringes Eintrittsgeld. Allerdings würde das die aktive Mithilfe von euch erfordern. Schließlich müsste sich an dem Öffnungstag immer jemand dazu bereit erklären, auf unser Löschfahrzeug Acht zu geben und die Eintrittsgelder zu kassieren. Das geschieht wie immer ehrenamtlich, versteht sich! Es wäre schön, wenn sich in den nächsten Wochen diejenigen bei mir melden würden, die an dieser Aufgabe Interesse haben.

Weiterhin werde ich versuchen, das Interesse für eine aktive Mitgliedschaft bei der Freiwilligen Feuerwehr auch unter den passiven Mitgliedern zu wecken. Ob mir das allerdings gelingen wird, steht noch in den Sternen. Einen Versuch sollte es jedoch allemal wert sein.

Um diese Aufgaben in eurem Sinne erledigen zu können, benötige ich natürlich eure tatkräftige Unterstützung. Ich würde mich sehr freuen, wenn ihr mir mit dem gleichen Engagement und der gleichen großen Begeisterung beiseite steht wie meinem Vorgänger. Ihr könnt mir im Übrigen auch jederzeit sagen, wenn euch irgendetwas an meiner Arbeit missfallen sollte. Ich bin für berechtigte Kritik immer offen.

Doch nun möchte ich zur Feier des Tages euch allen einen ausgeben. Bestellt bei der Wirtin, was ihr gern trinken möchtet, und lasst es auf meine Rechnung setzen. Prost!

Der Chef spricht zum Betriebsfest

Liebe Mitarbeiterinnen und Mitarbeiter,

wer viel arbeitet, hat auch allen Grund, hin und wieder einmal zu feiern. Da Sie alle im letzten Jahr sehr viel gearbeitet und somit dafür gesorgt haben, dass unsere Umsätze gestiegen sind, ist es endlich einmal wieder an der Zeit für ein Betriebsfest. Ich möchte Ihnen mit dieser kleinen Feier meinen herzlichen Dank dafür aussprechen, dass Sie mit aller Kraft dazu beigetragen haben, unseren Betrieb so erfolgreich zu machen, wie er heute ist.

So ein Betriebsfest ist natürlich nicht nur dazu da, betriebliche Erfolge zu feiern. Es dient auch dazu, den Kontakt zwischen verschiedenen Abteilungen herzustellen, die sonst kaum Berührung miteinander haben. Aus diesem Grund haben wir Sie am Eingang auch darum gebeten, ein kleines Los zu ziehen, auf dem Sie Ihre Tischnummer gefunden haben. So ist gewährleistet, dass nicht nur diejenigen an einem Tisch sitzen, die sich sowieso schon von der Arbeit her kennen und verstehen. Stattdessen werden Sie an Ihrem Tisch bestimmt Kolleginnen und Kollegen vorgefunden haben, mit denen Sie bislang kaum etwas zu tun hatten. Nutzen Sie doch einfach einmal die Gelegenheit zum Informationsaustausch. Schließlich ist es nicht unwichtig zu wissen, was in den anderen Abteilungen unseres Betriebs geschieht.

Das heißt natürlich nicht, dass Sie sich an diesem Abend nur über die Arbeit unterhalten sollen. Selbstverständlich sollen Sie sich vor allem gut amüsieren. Sie haben es sich schließlich verdient. Allerdings ist das Thema »Arbeit« natürlich immer ein guter Anknüpfungspunkt für ein Gespräch, wenn man seinen Tischnachbarn nicht kennt. Aber wahrscheinlich werden Ihnen noch viele andere Gesprächsthemen einfallen. Nach dem Essen können wir die Tischordnung selbstverständlich gern aufheben.

Bevor es mit dem Essen losgeht, möchte ich jedoch noch zwei Mitarbeitern meinen besonderen Dank aussprechen: Herrn (Name) und Frau (Name).

Herr (Name), Sie sind seit mittlerweile 20 Jahren in unserem Betrieb tätig – Sie sind somit ein Mitarbeiter der ersten Stunde. Für Ihre verdienstvolle Tätigkeit und Ihre große Loyalität möchte ich Ihnen mit einem kleinen Geschenk, diesem Präsentkorb, herzlich danken.

Frau (Name) feiert in diesem Jahr ihr zehnjähriges Firmenjubiläum. Auch dies ist eine lange Zeit für einen Betrieb, der erst seit 22 Jahren besteht. Ihnen, Frau (Name), möchte ich als kleines Dankeschön diesen Blumenstrauß überreichen.

Ich hoffe, dass Sie, Frau (Name) und Herr (Name), unserem Betrieb noch lange treu bleiben und weiterhin so gute Arbeit leisten wie bisher. Vielen Dank.

Ihnen allen habe ich zwar anfangs schon für Ihre großartigen Leistungen gedankt, doch möchte ich noch kurz etwas über die diesjährigen Erfolge und die Pläne für das folgende Jahr anfügen: Sie haben es geschafft, dass unser Betrieb im letzten Jahr ein Umsatzplus von fast zehn Prozentpunkten gegenüber dem Vorjahr erzielt hat. Ich weiß zwar, dass Umsatzsteigerungen in dieser Höhe nicht die Regel sind, doch bin ich mir sicher, dass unser Umsatz auch im laufenden Jahr wieder erheblich steigen wird. Zumindest sagen das die Geschäftsprognosen. Ich bin mir auch sicher, dass Sie Ihr Möglichstes tun, damit die Umsatzsteigerung im laufenden Jahr die des vorigen Jahres übertrifft. Um Ihnen jedoch einen zusätzlichen Anreiz zu geben, habe ich mir überlegt, vom laufenden Jahr an alle Mitarbeiter am Gewinn des Unternehmens zu beteiligen. Abhängig vom Gewinnzuwachs erhalten Sie von nun an zusätzlich zum Weihnachtsgeld eine gewisse Gewinnbeteiligung, deren Höhe unter anderem auch von der Dauer Ihrer Betriebszugehörigkeit abhängt. Ich hoffe, damit bewährte Mitarbeiter auf längere Zeit an den Betrieb binden zu können und Ihnen allen einen Anreiz zu geben, Umsätze und Gewinne unseres Unternehmens zu maximieren.

Doch nun genug von Gewinnmaximierung und Umsatzsteigerungen, sonst wird das Essen kalt. Ich wünsche Ihnen allen ein unterhaltsames Fest und viel Spaß beim Feiern!

Der Vorsitzende spricht zur Jahreshauptversammlung I

Meine sehr verehrten Damen und Herren,
liebe Verbandsmitglieder!

Wie schön, dass Sie alle heute für die Jahreshauptversammlung unseres Bezirksverbandes Zeit gefunden haben. Daran lese ich Ihr Interesse an der Wohlfahrtsarbeit ab und das sollte uns viel wert sein. Warum? Ich kann es mit einem Wort der Dichterin Marie von Ebner-Eschenbach ausdrücken. Sie nannte die Gleichgültigkeit einen »inneren Tod«, als sie schrieb: *»Die Gleichgültigkeit, der innere Tod, ist manchmal ein Zeichen von Erschöpfung, meistens ein Zeichen von geistiger Impotenz und immer guter Ton.«*

Guter Ton? Wie das, werden Sie fragen. Aber wenn wir nachdenken, ist das nicht einmal so weit hergeholt. Heute nennt man das nur anders, was sie beschrieb. Heute ist man »cool«. Und nach außen hin möglichst keine Regung zu zeigen gilt als »in«.

Was Marie von Ebner-Eschenbach vor hundert Jahren meinte, gilt heute immer noch. Den Kampf gegen die Gleichgütigkeit müssen wir alle täglich neu aufnehmen, um auch das leise und unauffällige Unglück unserer Zeit wahrzunehmen: Die allein stehende Mutter mit drei Kindern, die sich mehr schlecht als recht mit Sozialhilfe, dafür ohne Zukunftsperspektiven von einem Monat zum anderen hangelt. Den arbeitslosen Kumpel, der zum x-ten Male gesagt bekommt, er sei zu alt und zu verbraucht für eine neue Stelle – und das gerade mal mit vierzig. Den schwer erkrankten ausländischen Nachbarn, der sich im deutschen Gesundheitswesen nicht auskennt.

Wenn wir ganz ehrlich sind, müssen wir erkennen: Wir werden immer gleichgültiger. Darum sehe ich die Hauptaufgabe für einen Wohlfahrtsverband wie den unsrigen darin, diese haarsträubende Gleichgültigkeit zu bekämpfen. Denn sie ist es, die uns taub gegenüber den sozialen Tiefen unserer Gesellschaft macht. Sie ist es auch, die uns unsere Menschlichkeit raubt.

Meine Damen und Herren, lassen Sie uns heute Abend den Jahresberichten unserer Orts- und Kreisvertreter zuhören, um zu sehen, was sich tut in den Städten und Landkreisen. Und lassen Sie uns gemeinsam darüber nachdenken, wie wir trotz wirtschaftlich schlechter Zeiten den Benachteiligten der Wohlstandsgesellschaft beistehen können.

Ich weiß, was die Referentinnen und Referenten zu berichten haben, wird uns allen einiges zum Nachdenken geben und einiges wird uns aufrütteln. Die Situation derjenigen, die sowieso am Ende der sozialen Leiter stehen, hat sich in den letzten Jahren verschlimmert. Darum finde ich die Berichte von der Arbeit vor Ort so wichtig.

Bevor ich nun das Mikrofon dem nächsten Referenten überlasse, möchte ich es jedoch nicht versäumen, all den vielen ehrenamtlichen Helfern ein ganz besonderes Dankeschön zu sagen. Ohne Sie, meine Damen und Herren, wären die Ziele und Absichten unseres Verbands nur leeres Gerede. Niemand würde die Arbeit tun, denn so viele Stunden der Hilfe kann kein Verband bezahlen. Überhaupt könnte die gesamte Wohlfahrtspflege nicht existieren ohne Menschen, die sich selbstlos einsetzen, die kein Geschäft damit machen, sondern eben nur helfen wollen. Ihnen gebührt unser aller Dank und unsere Hochachtung.

Nun hoffe ich, meine sehr verehrten Damen und Herren, liebe Vereinsmitglieder, Sie können einiges Neue, einiges an Erfreulichem, vielleicht auch einiges, das zum Nachdenken anregt aus dem einzelnen Berichten mit nach Hause nehmen. Ich bedanke ich mich für Ihre Aufmerksamkeit und übergebe das Wort (Name).

Der Vorsitzende spricht zur Jahreshauptversammlung II

Meine sehr verehrten Damen und Herren,
liebe Gäste!

Einmal im Jahr ziehen wir Bilanz und halten Rückschau auf unsere Arbeit. Heute ist dieser Zeitpunkt wieder für unseren Kreisverband gekommen.

Dazu darf ich Sie alle ganz herzlich hier begrüßen. Es freut mich, dass Sie sich einige Stunden Zeit genommen haben. Was wäre die ganze Vereinsarbeit wert, wenn es nicht Menschen gäbe, die sie unterstützen. Jeder Einzelne von Ihnen, liebe Gäste, ist darum sehr wichtig für unseren Verein. Denn jeder Einzelne stärkt unsere Gemeinschaft.

Meine Damen und Herren, liebe Gäste, wir legen Rechenschaft ab, habe ich vorhin gesagt. Sie sind das Gremium, vor dem der Kreisverband seine Bilanz ausbreitet. Da meine ich nun nicht in erster Linie das Zahlenwerk fürs Finanzamt. Unsere Ergebnisse sind eine Bilanz der sozialen Arbeit in den Städten und Gemeinden. Man kann auch »Caritas« dazu sagen, ohne damit nun den gleich lautenden Verband zu meinen. Das Wort bedeutet schließlich Nächstenliebe und Wohltätigkeit.

Und da wollen wir doch wissen, was wir geschafft haben und wollen wissen, wo die guten Taten geblieben sind, zu denen wir uns verpflichtet haben. Ich selbst möchte das ebenso wie Sie, denn das gibt uns die Möglichkeit zu vergleichen, welche Ziele erreicht wurden und welche wir verfehlt haben. Wir wollen sehen, wo Not gelindert wurde und wo noch viel Hilfe notwendig ist.

Sie, liebe Mitglieder, können auf diese Weise selbst beurteilen, ob sich Ihr Engagement lohnt. Ich hoffe natürlich, Ihr Urteil fällt positiv aus. Ehrlich gesagt zweifle ich nicht daran, denn unsere Bilanz kann sich sehen lassen.

Andererseits werden Sie vielleicht auch ein bisschen traurig dabei. Denn immer wieder müssen wir erkennen: Wenn ein Loch gestopft ist, tun sich gleich zwei neue Löcher auf.

Trotzdem: Das darf kein Grund sein für uns, die wir im sozialen Bereich arbeiten, mit unserem Elan nachzulassen. Im Gegenteil muss uns dies anspornen, noch ein bisschen mehr leisten zu wollen, noch mehr Menschen zu motivieren und für den karitativen Gedanken zu gewinnen.

Zunächst wird Ihnen Herr (Name des Referenten) einen allgemeinen Überblick über die gegenwärtige Situation in der sozialen Arbeit von Wohlfahrtsorganisationen geben. Anschließend sprechen einige Referenten über Schwerpunktthemen unseres Verbandes und die in den jeweiligen Bereichen geleistete Arbeit.

Der letzte Schwerpunkt unserer Versammlung wird der Finanzbericht sein. Wir ziehen also doch noch eine Bilanz in Mark und Pfennig bzw. Euro. Schließlich wollen Sie und ich wissen, in welche Kanäle unsere Beiträge und die gesammelten Spenden fließen. In jedem Fall, das versichere ich Ihnen schon jetzt, sind es keine dunklen Kanäle.

Nun möchte ich das Wort weiter geben an den ersten Referenten, Herrn (Name). Vorher aber möchte ich Ihnen allen für Ihre tatkräftige Mitarbeit und Ihre Unterstützung unserer Ziele danken. Vielen Dank für Ihre Aufmerksamkeit!

Rede des Vorsitzenden zum Amtsantritt I

Liebe Freunde!

Von Arthur Schopenhauer stammt der Satz: »*Der Wechsel allein ist das Beständige.*« Auch der Wechsel in der Präsidentschaft vollzieht sich mit Beständigkeit in klar festgelegten Abschnitten von neuem. Denn, um es mit den alten Römern zu sagen: »*variatio delectat*« – Abwechslung erfreut.

Das dachten nicht nur die alten Römer, das dachten wohl auch die Väter unserer Klubstatuten. Eine sehr demokratische Haltung. Im Wechsel liegt der tiefere Sinn der Demokratie überhaupt. Gerade in den Umwälzungen der jüngsten Geschichte finden wir diese Idee aufs Neue bestätigt.

Schon allein aus diesem Grunde können wir zu Recht stolz sein auf unsere Gemeinschaft. Ein jeder gilt hier gleich viel. Es ist mir daher eine ganz besondere Ehre, unseren Klub für die kommende Zeit zu leiten. Mit Freuden übernehme ich dieses Amt.

Vor allem jedoch: Ich bin mir der Aufgaben und Pflichten bewusst, die es mit sich bringt. Diesen Aufgaben und Pflichten gerecht zu werden, sie zu erfüllen ist mein Ziel für die vor uns liegende Amtsperiode. Ich verstehe dies in erster Linie als einen Dienst an dieser Gemeinschaft.

Ein Vorbild dabei gibt mir unser scheidender Präsident. Ich denke, ich spreche für uns alle, wenn ich sage: Lieber (Name), wir waren sehr zufrieden mit deiner Präsidentschaft. Du hast die Geschäfte unseres Klubs verantwortungsvoll geleitet, hast uns nach innen wie nach außen würdig vertreten. Für deinen Einsatz gebühren dir Dank und Anerkennung.

Es ist ja nicht so, dass die Präsidentschaft nur dafür da wäre, einen schönen Titel zu tragen. Das weiß ein jeder, der dieses Amt schon einmal bekleidet hat. Den Ansprüchen gerecht zu werden ist nicht immer leicht. In einer vielschichtigen Gemeinschaft gibt es eben auch vielschichtige Meinungen, Standpunkte und Interessen. Und das ist gut so, denn es erhält die Gemeinschaft lebendig. Um es mit Goethe zu sagen:

»Wie fruchtbar ist der kleinste Kreis,
wenn man ihn wohl zu pflegen weiß.«

Unseren Kreis zu pflegen, dazu trägt ein jeder hier seinen Teil bei. Jeder bringt sich selbst, sein Wissen und seine Ideen mit ein. Manchmal driften die Wünsche und Meinungen stark auseinander. Die besondere Aufgabe des Klubpräsidenten ist es, den goldenen Mittelweg zu finden, jedoch ohne dabei ins Mittelmaß abzugleiten. Dann verläuft so eine Amtsperiode, denke ich, zum Wohle unseres Klubs.

Meinem Vorgänger ist dies gelungen. Ich will versuchen, es ihm gleichzutun. Und zwar im Sinne eines Ausspruchs von Henry Ford, jenem legendären amerikanischen Autohersteller, den man mit Fug und Recht als Mann der Tat bezeichnen kann. Er sagte:

»Die meisten Menschen wenden mehr Zeit und Kraft daran, um die Probleme herumzureden, als sie anzupacken.«

Das will ich mir selber zu Herzen nehmen und rasch zum Schluss meiner kleinen Ansprache kommen. Ein Dank nochmals an meinen Vorgänger. Er hat uns und mir als seinem Nachfolger eine ausgeglichene Bilanz hinterlassen. Das verknüpfe ich gleich mit der Hoffnung, dass ich in zwölf Monaten auf eine ebenso erfolgreiche Amtsperiode wie er zurückblicken zu kann. Damit will ich nun die Präsidentschaft in unserem Klub antreten.

Rede des Vorsitzenden zum Amtsantritt II

Liebe Freunde!

Ich danke euch, dass ihr mich zum Vorsitzenden gewählt habt und für das Vertrauen, das ihr mir damit entgegengebracht habt.

Ich hoffe, dass ich meiner Vorgängerin würdig bin und ich alle Pflichten, die mit diesem Amt verbunden sind, gut erfülle.

Was heißt das eigentlich: Pflichten übernehmen, welche Bedeutung steckt in diesem Wort? Um es mit dem englischen Philosophen George Edward Moore zu sagen: *»Pflicht heißt die Handlung, die mehr Gutes in der Welt hervorzubringen vermag als jeder andere Entschluss.«* Und Friedrich Nietzsche sagte: *»Unsere Pflichten, das sind die Rechte anderer auf uns.«*

Manchmal hat das Wort »Pflicht« allerdings einen negativen Beigeschmack: Es klingt nach Zwang. Wer von uns hat es zum Beispiel als Kind nicht manchmal verflucht, dass es eine Schulpflicht gibt? Und wer mag es schon, wenn einem ein Polizist einen Strafzettel überreicht mit den Worten: »Ich tue nur meine Pflicht«? Dabei liegt der Ursprung des Begriffs in dem Wort »pflegen« und bedeutete zunächst »für etwas einstehen, sich für etwas einsetzen«. Und genau in diesem Sinne möchte ich meine Pflichten erfüllen, ich möchte mich dafür einsetzen, dass unser Verein weiterhin in der Öffentlichkeit gut angesehen ist, dass unser Vereinsleben auch in Zukunft so lebhaft ist und alle Mitglieder zufrieden sind.

Meine Vorgängerin macht es mir natürlich leicht, hier die »Amtsgeschäfte« zu übernehmen. Sie überlässt mir, wie man so schön sagt, »ein bestelltes Haus«, in dem jeder gerne die Nachfolge antreten würde. Und da ist es nun an der Zeit, ihr meinen herzlichsten Dank aussprechen. Du, liebe (Name), hast dich für unsern Verein in jeder Hinsicht eingesetzt, hast im besten Sinne des Wortes deine Pflicht erfüllt. Dafür unser aller Dank und Anerkennung. Und damit möchte ich auch meine kleine Ansprache schließen, mit diesem Dank und mit der Hoffnung, dass auch ich, wie meine Vorgängerin, den Anforderungen gerecht werden kann, die die kommenden zwölf Monate an mich stellen werden.

Abschiedsrede des Vorsitzenden

Liebe Freunde!

Von Friedrich dem Großen stammt der Satz: *»Seine Pflicht erkennen und tun, das ist die Hauptsache.«* Meine Pflicht in den vergangenen zwölf Monaten war es, unseren Klub zu leiten, ihn nach außen hin zu vertreten und nach innen die Gemeinschaft zu pflegen. Ich kann kein Urteil über mich selbst fällen. Doch hoffe ich, meinen Pflichten so nachgekommen zu sein, wie ihr es von mir erwartet habt.

Heute nun gebe ich dieses Amt wieder ab, turnusmäßig, so wie es in unseren Statuten steht, nach denen ein Wechsel im Amt notwendig ist. Und das ist gut und richtig so. Denn Wechsel bedeutet Vielfalt, bedeutet Pluralismus. Und der Pluralismus, ist er nicht eine der besten Errungenschaften der Demokratie?

Ich denke: ja. Die Väter unserer Klubstatuten dachten wohl ebenso. Vielleicht hatten sie auch Georg Christoph Lichtenberg gelesen. Der schrieb schon im 18. Jahrhundert: *»Man ist gewöhnlich immer desto weniger republikanisch gesinnt, je höher der Rang ist, den man selbst in der Welt bekleidet.«*

Neben der Demokratie prägt unseren Klub das gemeinschaftliche Handeln. Wozu hätten wir uns sonst zusammengeschlossen?

Auch ein Klubpräsident kann nicht auf die wechselseitige Zusammenarbeit mit der Gemeinschaft verzichten.

Einsame Entscheidungen gibt es bei uns nicht und darf es nicht geben. Die Mithilfe der Klubfreunde – eure Mithilfe – ist notwendig. Darum ist die Arbeit, die hier im abgelaufenen Jahr geleistet wurde, ein Ergebnis unserer Gemeinschaft. Und dafür danke ich euch. Ohne diese Mithilfe wäre jede Amtszeit »für die Katz'«, um es salopp auszudrücken.

Wichtig für unseren Klub ist aber auch, dass wir uns nicht auf unseren Lorbeeren ausruhen, dass wir unsere Aufgaben und Ziele mit Kreativität und Flexibilität anpacken. *»Ich bin bereit, überallhin zu gehen, wenn es nur vorwärts ist«*, sagte der Forscher David Livingstone. Dieses Vorwärts, auf zu neuen Ufern und zu neuen Aufgaben, ist der beste Klebstoff, der unsere Gemeinschaft zusammenhält.

Um dies zu tun, teilen wir auch den Respekt vor der Meinung des Einzelnen. Nur so kann eine wirklich feste Gemeinschaft entstehen. Diese Kraft, die in der Gemeinschaft liegt, stärkt uns.

Dies möchte ich auch meinem Nachfolger ans Herz legen, wenn er das Amt des Klubpräsidenten heute übernimmt. So wünsche ich dir, lieber (Name) als meinem Nachfolger, dass die Arbeit mit der Gemeinschaft für dich ebenso erfüllend und befriedigend verlaufen möge, wie sie es für mich war. Ich wünsche dir, lieber (Name), viel Erfolg und viel Freude in deiner Präsidentschaft und übergebe dir damit dieses ehrenvolle Amt!

Rede zur Mitgliederehrung

Liebe Freunde!

Eine Laudatio, das ist zu Deutsch eine Lobrede, und eine solche wird auf Personen gehalten, die sich durch besondere Verdienste auszeichnen. In unserem Verein ehren wir heute Mitglieder, die sich durch den besonderen Verdienst der langen Mitgliedschaft auszeichnen.

Wir beginnen mit denen unter uns, die nun schon seit 25 Jahren dem Verein angehören. Auch zwei Dreißigjährige sind dann dabei und ein Mitglied, das schon seit 40 Jahren zu uns gehört.

Andere Vereine, ich weiß, beginnen mit diesen Ehrungen manchmal schon bei fünf Jahren Mitgliedschaft. Aber da stellt sich mir die Frage, ob solche Ehrungen im Abstand von nur fünf Jahren besonders sinnvoll sind.

Ich finde, eine Mitgliederehrung ist immer etwas Besonderes. Daher sollten diese Ereignisse auch eher selten vorkommen, damit sie nicht die Bedeutung des Außergewöhnlichen verlieren.

Wir können heute einen wirklich außergewöhnlichen Tag feiern. Denn selbst wenn wir sagen, die Zeit vergeht so schnell, dass man sehr bald zu einer hohen Anzahl von Mitgliedsjahren kommt, so ist es doch auch mit einer gewissen Leistung verbunden, sich immer wieder aktiv am Vereinsleben zu beteiligen, sein Leben nicht als »Karteileiche« zu fristen.

Diese Ehrung soll also auch ein Gradmesser sein, wie viel Engagement ein Vereinsmitglied bereits eingebracht hat in die Gemeinschaft. Den 25-Jährigen, den 30-Jährigen und dem 40-Jährigen darf ich an ihrem Ehrentag nun die Anerkennung der Vereinskameradinnen und Vereinskameraden aussprechen, Anerkennung für eure Beständigkeit, eure Verlässlichkeit und letztlich auch für die Qualität eurer Mitarbeit im Verein. Wer sich nicht so aktiv beteiligen würde wie ihr, der würde vermutlich kaum so lange Jahre in einem Verein bleiben wollen.

Euer Engagement habt ihr nicht nur mit dem häufigen Besuch beim Vereinstreffen gezeigt. Ihr wart auch immer dann dabei, wenn es mal »Freiwillige vor!« hieß, wenn im Klubhaus etwas zu reparieren war oder wenn organisatorische Aufgaben für ein Sommerfest, eine Adventsfeier oder Ähnliches zu vergeben waren. Vor den Vereinsaufgaben habt ihr euch nicht gedrückt.

Wollt ihr jetzt abwinken und vielleicht sagen: Das war doch nichts Besonderes? Doch, das war es! Nun, lasst es mich mit einem Wort der Marie von Ebner-Eschenbach sagen: *»Das meiste haben wir gewöhnlich in der Zeit getan, in der wir meinten, zu wenig zu tun.«*

So wünsche ich nun euch, liebe Jubilarinnen, liebe Jubilare, und auch uns, ihr mögt diesem Verein noch lange die Treue halten. Denn die, die so eine Gemeinschaft tragen, sind die Treuen und die Unermüdlichen unter den Mitgliedern. Und dazu dürfen wir euch zählen. Ich sage euch im Namen aller Anwesenden Dank dafür!

Anhang

Wir hoffen, Sie konnten die eine oder andere Rede für Ihre Zwecke nutzen, sie etwas abändern, ergänzen oder kürzen. Und vielleicht haben Sie sich ja auch bereits so weit mit dem Thema »Reden« befasst, dass Sie sich eine kleine spontane Ansprache zutrauen.

Genau das wird im Deutschen Bundestag praktiziert; dort gibt es nämlich regelmäßig einen »Redewettstreit: MdB (Mitglied des Bundestags) gegen den politischen Nachwuchs«.

In der ersten Runde haben die wettkämpfenden Rednerinnen und Redner noch Vorbereitungszeit für ihre dreiminütige Rede. Im zweiten Teil des Wettkampfes müssen die sechs Bestplazierten ein vom Publikum vorgeschlagenes und von Journalisten ausgewähltes Redethema ohne Bedenkzeit rhetorisch umsetzen.

Das Thema 1998 hieß »Die Bedeutung des Schweinebratens für die Politik in Deutschland!«

Siegerin wurde Antje Hermanau (Bündnis 90/Die Grünen). Ihre Rede wollen wir Ihnen nicht vorenthalten.

Siegerrede des Redewettstreits des Deutschen Bundestages: »Die Bedeutung des Schweinebratens für die Politik in Deutschland«

Frau Präsidentin, meine Damen und Herren,

es gibt wirklich wichtige Themen, die wir in Deutschland besprechen müssen; eines wird hier vorgestellt, nämlich »die Bedeutung des Schweinebratens für die Politik in Deutschland«. Ich weiß, dass es ein ausgesprochen wichtiges Thema ist und ich erkläre Ihnen auch, warum. Denn wir haben in diesem Parlament, wie ich Ihnen heute schon ausgeführt habe, sehr viele ältere Herren.

(Langer Beifall)

Aus Ihrer Erfahrung heraus, meine Damen und Herren, wissen Sie wahrscheinlich auch, dass die älteren Herren beim Biertrinken und beim Essen besonders kommunikativ sind. Wenn ich also ein Problem habe, was ich lösen möchte, dann lade ich die älteren Kollegen zum Essen ein, und das geht bei BSE in Deutschland eben nur mit Schweinebraten.

(Beifall)

Wir vertilgen den Schweinebraten, ich ess' etwas weniger, die Herren etwas mehr, wir trinken unser Bier. Dann sind wir schon vertrauter und dann besprechen wir in aller Ruhe das Problem, das es zu lösen gilt. Und am Ende hatten wir einen schönen Abend, alle sind satt und haben kein BSE. Und wir haben unsere politischen Entscheidungen ordentlich unter Dach und Fach gebracht. Sie sehen, das ist ein ausgesprochen wichtiges Thema und ich danke Ihnen dafür, diese Rede halten zu dürfen.

(Sehr langer Beifall)

Zitate und Sprichwörter für Fest- und Jubiläumsreden

Arbeit

Die Mitarbeiter lassen sich lieber von einer Frau überzeugen als von einem Mann anschreien.

Annette Winkler

Die Arbeit hält drei große Übel fern: die Langeweile, das Laster und die Not.

Voltaire

Der Fleiß ist die Wurzel aller Häßlichkeit.

Oscar Wilde

Tages Arbeit, abends Gäste!
Saure Wochen, frohe Feste
sei dein künftig Zauberwort.

Johann Wolfgang von Goethe

Erfolg

Das Geheimnis des Erfolges ist die Beständigkeit des Ziels.

Benjamin Disraeli

Das Doping des Erfolgreichen ist das Risiko.

Sigmund Graff

Der Erfolg ist eine Folgeerscheinung, niemals darf er zum Ziel werden.

Gustave Flaubert

Fantasielosigkeit ist die Bleisohle des Fortschritts.

Rudolf Rolfs

Das Plagiat ist die höchste Form der Anerkennung.

Deutsches Sprichwort

Freunde

Ehe man anfängt, seine Feinde zu lieben, sollte man seine Freunde besser behandeln.

Mark Twain

Der Ausdruck »gute Freunde« sagt alles: Dass es auch schlechte gibt.

Gerd Uhlenbruck

Die meisten Freunde verleiden einem die Freundschaft, die meisten Frommen die Frömmigkeit.

François de La Rochefoucauld

Man wird in der Regel keinen Freund dadurch verlieren, dass man ihm ein Darlehen abschlägt, aber sehr leicht dadurch, dass man es ihm gibt.

Arthur Schopenhauer

Humor

Humor ist der Schwimmgürtel auf dem Strome des Lebens.

Wilhelm Raabe

Humor ist die Kunst, sich ohne Spiegel selber ins Gesicht zu lachen.

Paul Hörbiger

Humor erfordert Distanz zu uns selbst. Wenn der Egoist Humor entwickeln will, wird er sarkastisch.

Sigmund Graff

Humor ist der Knopf, der verhindert, dass uns der Kragen platzt.

Joachim Ringelnatz

Zufriedenheit

Sich mit wenigem begnügen ist schwer, sich mit vielem begnügen unmöglich.

Marie von Ebner-Eschenbach

Sei mir dir nie zufrieden, sodass deine Zufriedenheit nur dazu dient, dich zu neuer Unzufriedenheit zu stärken.

Christian Morgenstern

Wenn ein paar Menschen recht miteinander zufrieden sind, kann man meistens versichert sein, dass sie sich irren.

Johann Wolfgang von Goethe

Ja, Zufriedenheit ist unser bestes Gut.

William Shakespeare

Zufriedenheit ist eine Tugend, Selbstzufriedenheit ein Fehler.

Sprichwort